KB212819

안녕!
헝가리어

Jó reggelt!, by Gyöngyösi Lívia&Hetesy Bálint, originally published by Semmelweis Egyetem Egészségtudományi Kar

Copyright ⓒ 2017 by Semmelweis Egyetem Egészségtudományi Kar

This edition is a translation authorized by the original publisher, via Gyöngyösi Lívia&Hetesy Bálint.

All rights reserved.

Korean Translation Copyright ⓒ 2021 by MINSOKWON

Korean edition is published by arrangement with Semmelweis Egyetem Egészségtudományi Kar Press

through Gyöngyösi Lívia&Hetesy Bálint

이 책의 한국어판 저작권은 Gyöngyösi Lívia&Hetesy Bálint를 통해

Semmelweis Egyetem Egészségtudományi Kar와의 독점계약으로 민속원에 있습니다.

저작권법에 의해 한국 내에서 보호를 받는 저작물이므로 무단전재와 무단복제를 금합니다.

저 자 된됴시 리위어(Gyöngyösi Lívia),
　　　해때시 발린트(Hetesy Bálint)
역저자 리스커이 덜머(Liszkai Dalma),
　　　장두식, 현준원
주삽화 그로프 페태르(Gróf Péter)
오디오 재작업 개러 칠러(Gera Csilla)
　　　리스커이 카로이(Liszkai Károly)

안녕!
헝가리어

요 래깰트!
Jó reggelt!

민 속 원

추|천|사|

이 책이 단국대학교 헝가리연구소를 통해 출간되어 주한 헝가리 대사로서뿐만 아니라 헝가리 국민으로서도 매우 기쁘게 생각합니다.

단국대학교는 헝가리와 30여 년 전부터 특별한 인연을 이어오고 있습니다. 양국 외교 수립 당시 한국의 대학들 중 최초로 단국대학교가 헝가리의 여러 대학들과 교류 협정을 체결하고 교육 협력의 포문을 열었습니다.

한헝 수교 30주년을 맞아 단국대학교에 헝가리연구소 설립이라는 소중한 결실을 맺게 되었고 아울러 이곳에서 헝가리어 교재가 발간된 것은 매우 뜻깊고 기쁜 일이라고 생각합니다.

앞으로 단국대 헝가리 연구소를 통해 새로운 세대가 헝가리를 비롯한 중부유럽의 문화, 역사, 예술 등을 더욱 심도 있게 접하고 이에 대한 이해를 넓힐 수 있기를 기대합니다.

2021년 7월 1일

주한 헝가리 대사
초머 모세(Dr. Csoma Mózes)

저|자|서|문|

이 책은 원래 헝가리 국립 세멜바이스 의과대학교(Semmelweis Egyetem)에서 제작되었습니다. 헝가리에 유학 온 외국 학생들이 헝가리어를 배울 때 일반 헝가리어와 전공 용어들도 함께 학습합니다. 이 책은 헝가리어를 처음 배우는 외국인 학습자들을 위해 만들어졌으며 일반 언어능력들을, 특히 말하기와 일상생활에서 일어나는 상황들을 표현하는데 중점을 두고 있습니다.

각 장들은 헝가리에서 일상생활을 할 때 자주 접할 수 있는 대화들로 시작하며 주제는 물건구입, 주거환경, 교통 등 일상생활들과 헝가리에 대한 지식입니다. 이 책에서 주제와 관련된 어휘들은 대부분 그림과 같이 제시됩니다. 먼저 문법을 설명한 후 쓰기 연습 문제들과 대화형 연습 문제들을 통해 효과적으로 학습을 할 수 있게 구성되어 있습니다.

그리고 책 뒤에 있는 객관식 문제들을 통해 혼자서 연습할 수 있도록 하였습니다. 교재에 있는 대화들과 듣기 문제들을 위한 오디오 파일은 QR코드에서 다운로드할 수 있습니다. 각 장들의 어휘들의 뜻은 한국어와 영어로 병행하여 제시되었습니다.

여러분의 헝가리어 학습의 성공을 기원합니다.

저자 일동

역|자|서|문|

헝가리와 우리나라는 거의 지구 반 바퀴만큼이나 떨어져 있는 멀고도 먼 나라입니다. 하지만 현 헝가리인들의 선조인 머저르족은 아시아 이주민들로 문화와 언어 등에서 우리와 친연성을 가지고 있는 이웃 나라이기도 합니다. 헝가리 근대사는 우리와 같이 수난의 역사였었습니다. 헝가리는 1848년 독립혁명의 실패와 오스트리아-헝가리 이중제국의 성립 그리고 1차 세계대전의 패전으로 약소국으로 전락하고 사회주의 체제라는 암흑시대를 겪었습니다. 현재는 1989년 체제전환으로 다시 자유민주주의 국가로 재탄생하여 중부유럽의 중심국가로 발전하고 있습니다. 식민지 경험과 6·25전쟁이라는 시련을 겪으면서도 한강의 기적을 이룬 우리나라와 비슷한 근대사를 가지고 있는 것입니다.

헝가리어는 핀-우구르어족에 속하는데 인칭, 시제, 장소, 시간 등의 여러 상황에 따라 어휘의 변화가 매우 복잡하여 전 세계적으로도 배우기 몹시 어려운 언어 중 하나로 알려져 있습니다. 그런데 특이한 점은 유럽 언어 중에서 한국어와 유사하게 동사가 문장의 맨 끝에 위치하는 등 문법적인 면에서 유사한 부분이 많습니다. 그러나 우리에게도 헝가리어는 발음이나 동사의 복잡한 변형 등은 쉽게 접근하기 어려운 언어임에 틀림없습니다.

최근 한국의 유수 기업들이 EU 시장 확보를 위해 헝가리에 투자를 확대하고 있고 국교 정상화 이후 양국의 교역량도 점점 늘어나고 있습니다. 한국과 헝가리의 교류 활성화를 위해서 제일 먼저 해야 할 일은 헝가리어 습득입니다. 그러나 현재 한국에서 헝가리어를 학습할 수 있는 체계적인 교재가 그렇게 많지 않습니다. 이러한 상황을 고민해 온 단국대학교 헝가리연구소는 헝가리 세멜바이스 국립 의과대학에서 외국학생들을 위한 헝가리어 교재를 번역 출간하게 되었습니다. 이 텍스트는 학습자들이 스스로 공부할 수 있게끔 체계적으로 구성되어 있고 다양한 상황에서 기본적인 헝가리어를 어떻게 활용하고 응용할 것인가를 반복 학습시킴으로써 효율적으로 헝가리어 습득을 할 수 있게끔 프로그램화 되어 있습니다. 때문에 헝가리어를 처음 공부하는 한국인 학습자들에게 매우 효과적인 교재라고 할 수 있습니다.

이 교재의 번역은 헝가리 정부에서 단국대학교에 파견한 리스커이 덜머 교수와 장두식 교수, 현준원 교수가 수행하였습니다. 추천사를 보내주신 초머 모세 주한 헝가리대사님과 텍스트 전체를 꼼꼼하게 교열해 주신 변재덕 교수님과 주한 헝가리문화원 서보 루카 선생님께 감사의 말을 전합니다. 그리고 교재 출판을 흔쾌히 허락해 준 민속원 홍종화 사장님과 열과 성을 다해 편집해 주신 편집부에도 깊은 감사를 드립니다.

2021년 8월

역저자 일동

|내 용|

일러두기

• 이 교재는 원텍스트를 한국인 학습자들에 맞게 리스커이 덜머 교수가 재구성하였습니다.

• 이 교재는 교사와 함께 학습하는 교재이므로 자세한 문법 설명이 없습니다.

• 본문 발음은 헝가리어 원음을 한국어로 표기하였습니다.

• 발음은 [　]，번역은 (　)로 표기하였습니다.

• 발음은 제1과부터 제7과까지만 표기하였습니다.

• 교재 본문에는 공식적인 표현과 비공식적인 표현이 나오는데 대부분 공식적인 표현으로 순화 번역하였습니다.

• 교재 뒷부분에는 복습을 위하여 각장들에서 도출한 연습문제와 전체 교재를 총괄하는 연습문제를 배치하였습니다.

• 이 교재의 오디오 파일은 아래 QR 코드에서 다운 받을 수 있습니다. QR 코드는 마지막 페이지(p.271)에도 있습니다.

• 각 장들의 어휘들이 헝가리 알파벳 순서로 나열되어 있습니다.

표기

	대화
	성격이 다른 단어 선택하기
	쓰기
	듣기

오디오 파일

|차 례|

A magyar ábécé

[어 머뎌르 아베체]

(헝가리 알파벳)

※ 굵은 테두리로 표시한 글자들은 발음이 한국어 발음과 많이 다르거나 한글로 발음을 표현하기 힘든 글자들입니다.

A, a (ㅓ)	Á, á (ㅏ) (장모음)	B, b (ㅂ)	C, c (ㅊ, ㅉ)
autó (자동차) [어우또]	állatkert (동물원) [알럳깨르트]	bicikli (자전거) [비칙리]	cica (고양이) [치쩌]
			영어 단어: let's

CS, cs (ㅊ)	D, d (ㄷ)	Dz, dz (ㅉ)	Dzs, dzs (ㅈ)
csirke (닭 / 어린 암탉 / 닭고기) [치르깨]	dominó (도미노) [도미노]	madzag (실) [머쩍]	dzsem (잼) [잼]
		영어 단어: adze	

E, e (ㅐ)	É, é (ㅔ) (장모음)	F, f (ㅍ)	G, g (ㄱ)
eper (딸기) [애패르]	étterem (식당) [에때램]	fa (나무) [퍼]	gomba (버섯) [곰버]
	'이' 발음할 때보다 혀를 더 아래쪽으로 움직이면서 발음	영어 단어: food	

12

GY, gy	H, h (ㅎ)	I, i (I)	Í, í (I) (장모음)
gyűrű (반지) [듀르]	**ház** (집) [하즈]	**ing** (셔츠) [잉그]	**Írország** (아일랜드) [이로르싹]
영어 단어: during			

J, j	K, k (ㄲ / ㅋ)	L, l (ㄹ)	LY, ly
japán (일본 사람) [여빤]	**kávé** (커피) [까웨]	**lámpa** (램프) [람뻐]	**lyuk** (구멍) [육]
한국 단어: 요리		한국 단어: 딸기 영어 단어: ball	'j'와 똑같은 발음

M, m (ㅁ)	N, n (ㄴ)	NY, ny	O, o (ㅗ)
mozi (영화관) [모지]	**Nap** (해) [넢]	**nyaklánc** (목걸이) [녀클란츠]	**orvos** (의사) [오르워쉬]
		한국 단어: 뉴스	

Ó, ó (ㅗ) (장모음)	Ö, ö (ㅚ)	Ő, ő (ㅚ) (장모음)	P, p (ㅃ / ㅍ)
óra (시계) [오러]	**öt** (다섯) [외트]	**ősz** (가을) [외쓰]	**pizza** (피자) [삐쩌]
	'애'를 발음할 때보다 입술을 둥근 모양으로 만들어 발음	'애'를 발음할 때보다 입술을 둥근 모양으로 만들어 길게 발음	

13

Q, q (쿠)	R, r (ㄹ)	S, s (ㅅ)	SZ, sz (ㅆ)
squash (스쿼시) [스쿼시]	répa (당근) [레퍼]	sör (맥주) [쇼르]	szem (눈) [쌤]
원 헝가리어 자음이 아님	한국 단어 걸음, 수리	한국 단어 십, 시내	한국 단어 셋, 소금

T, t (ㄸ / ㅌ)	TY, ty (ㅌ)	U, u (ㅜ)	Ú, ú (ㅜ) (장모음)
tea (차) [때어]	tyúk (암탉) [튜크]	uborka (오이) [우보르꺼]	út (길 / 거리) [우트]
	영어 단어: tune		

Ü, ü (ㅡ)	Ű, ű (ㅡ) (장모음)	V, v (ㅂ)	W, w (ㅂ) [duplavé, 두플러베]
üveg (병) [으왜그]	űrhajó (우주선) [으르허요]	vonat (기차) [버널]	WC / vécé (화장실) [베체]
'으'를 발음할 때보다 입술을 둥근 모양으로 만들어 발음	'으'를 발음할 때보다 입술을 둥근 모양으로 만들어 길게 발음	영어 단어: view	'V'와 똑같은 발음 원 헝가리어 자음이 아님

X, x (ㄲ) [iksz, 익스]	Y, y [ipszilon, 입실론]	Z, z (ㅈ)	ZS, zs (ㅈ)
taxi (택시) [떡씨]	yacht (요트) [여흐트]	zebra (얼룩말) [재브러]	zsemle (잼래빵) [잼래]
원 헝가리어 자음이 아님	원 헝가리어 자음이 아님. 경우에 따라서 'j'나 'I'로 발음	'sz' 발음할 때보다 탁음으로 발음. 영어 단어: zoo	's' 발음할 때보다 탁음으로 발음. 영어 단어: pleasure

1 / 1. 잘 들어본 후, 정확한 단어를 선택하시오. (Melyik szót hallod?)

1. a. sok   b. csók
2. a. sár   b. cár
3. a. seb   b. zseb
4. a. nyár   b. gyár
5. a. zsák   b. szák
6. a. szász   b. száz
7. a. öt   b. őt
8. a. csűr   b. szűr
9. a. lap   b. lop
10. a. lapot   b. lopat
11. a. papa   b. pápa
12. a. hat   b. hát
13. a. rés   b. rész
14. a. rész   b. réz
15. a. cica   b. KIKA
16. a. cápa   b. kapa
17. a. csak   b. csók
18. a. még   b. míg
19. a. hal   b. hál
20. a. halló   b. háló

2.

Szia! Jó napot! Viszlát!

[씨어! 요 너뽙! 위슬랕!]

(안녕! 안녕하세요! 안녕히 가(계)세요!)

2 / A. Köszönés (인사)

[꾀쐬네쉬]

Találkozás (만남)
[떨랄꼬자쉬]

Helló! (안녕!)
[핼로]

Szia! (안녕!)
[씨어]

Helló!

Szia!

Sziasztok!
[씨어스똑]
(안녕! → 두 명 이상에게)

Csókolom!
[초꼴롬]
(안녕하세요! → 아이들이 어른에게 사용하는 인사)

Jó reggelt (kívánok)! (아침 인사)
[요 래깰트 (끼와녹)]

Jó napot (kívánok)! (오전 및 오후 인사)
[요 너뽙 (끼와녹)]

Jó estét (kívánok)! (저녁 인사)
[요 애쉬뗄 (끼와녹)]

Csókolom!
[초꼴롬]
(안녕하세요! → 나이가 많은 할머니에게, 보통 아는 사이에 사용하는 인사)

123456

16

2 / B.  Köszönés (인사)
[꾀쐬네쉬]

Búcsúzás (헤어짐)
[부추자쉬]

1. 만날 때와 헤어질 때 모두 사용하는 인사:

- Helló! (안녕! / 잘가!)
  [핼로]

- Szia! (안녕! / 잘가!)
  [씨어]

- Sziasztok! (안녕! / 잘가 → 두 명 이상에게)
  [씨어스똑]

- Csókolom! (안녕하세요! → 아이들이 어른에게 사용; 주로 아는 사이인 나이 많은 할머니에게 사용하기도 함)
  [초꼴롬]

2. 헤어질 때 사용하는 인사:

- Viszontlátásra! (안녕히 계세요 / 안녕히 가세요!)
  [위손틀라타쉬러]

- Viszlát! (안녕히 계세요 / 안녕히 가세요!)
  [위슬랕]

- Jó éjszakát (kívánok)! (안녕히 주무세요!)
  [요 에이써깥 (끼와녹)]

2 / C.  Nagyon örülök! (매우 반갑습니다!)
[너돈 외를뢱]

- Peti vagyok. (저는 Peti예요.)
  [빼띠 워독.]

- Én Sumi vagyok. (저는 수미예요.)
  [엔 수미 워독.]

- Nagyon örülök! (매우 반가워요!)
  [너돈 외를뢱!]

- Én is! (저도요.)
  [엔 이쉬!]

- Én magyar vagyok. És te? (저는 헝가리인이에요. 당신은요?)
  [엔 머뎌르 워독. 에시 때?]

- Én koreai vagyok. (저는 한국인이에요.)
  [엔 꼬래어이 워독.]

- Diák vagy? (당신은 학생이에요?)
  [디악 워즈?]

- Igen. És te? (네. 당신은요?)
  [이갠. 에시 때?]

- Én is diák vagyok. (저도 학생이에요.)
  [엔 이시 디악 워독.]

17

2 / D. Hogy vagy? (어떻게 지내요?)
[호즈 워즈?]

a) ☺ Jól vagyok, köszönöm. (잘 지내요. 고마워요.)
[욜   워독,   꾀쐬닒.]

b) ☺ Megvagyok, köszönöm. (그럭저럭 지내요.)
[맥워독,   꾀쐬닒.]

c) ☹ Nem vagyok túl jól. (잘 지내지 못해요.)
[냄   워독   뚤 욜.]

2 / E. Köszönöm (감사합니다.)
[꾀쐬닒]

- Köszönöm (szépen)! ((정말) 감사합니다!)
  [꾀쐬닒   (쎄팬)!]

- (Nagyon) szívesen. (천만에요.)
  [(너됸)   씨왜쉔]

2 / F. Bocsánat! (미안합니다!)
[보차냍!]

Jaj, bocsánat! / Elnézést!
[여이,   보차냍! / 앨네제쉬트!]
(저런, 미안합니다! / 실례합니다!)

Semmi baj. / Nem probléma.
[쉠미   버이. / 냄   쁘로블레머.]
(괜찮습니다.)

2 / G.  Tessék? (네? / 뭐라고요?)
[때쒝?]

- Hogy vagy? (어떻게 지내요?)
  [호즈   워즈?]

○ Tessék? Nem értem. (뭐라고요? 잘못 들었어요.)
  [때쒝?   냄   에르땜.]

- HOGY VAGY? (어떻게 지내시냐고요?)
  [호즈   워즈?]

○ Á, már értem! Jól vagyok, köszönöm. (아, 네~ 이제 알아들었어요. 잘 지내요. 감사합니다.)
  [아, 마르 에르땜! 욜   워독,   꾀쐬뇜.]

19

Országok és nemzetiségek (국가와 국적)
[오르사곡   에시   냄재띠셰객]

다음 빈 칸에 알맞은 국적을 기입하시오.

magyar, angol, spanyol, török, japán, indiai, francia, orosz, német, olasz, osztrák, amerikai, kínai, vietnámi, koreai, ausztrál

Magyarország (헝가리) [머뎌르오르삭]	**Franciaország** (프랑스) [프런치어오르삭]	**Spanyolország** (스페인) [슈뻐뇰오르삭]	**Olaszország** (이탈리아) [올러소르삭]
magyar			
Németország (독일) [네매토르삭]	**Oroszország** (러시아) [오로소르삭]	**Törökország** (터키) [뙤뢱오코르삭]	**USA / Amerika** (미국) [우셔 / 어매리꺼]
Korea (한국) [꼬래어]	**Vietnám** (베트남) [위앹남]	**Kína** (중국) [끼너]	**India** (인도) [인디어]
Ausztrália (호주) [어우스트랄리어]	**Anglia** (영국) [언글리어]	**Ausztria** (오스트리아) [어우스트리어]	**Japán** (일본) [여빤]

1. (Én) … vagyok. (Te) … vagy (저는 …이에요 / 예요. 당신은 …이에요 / 예요)

‘~이다’의 단수형 현재 활용형 (1인칭, informal 2인칭)

	인칭대명사		동사
1인칭	(én) [엔] (저는 / 나는)	koreai [꼬래어이] (한국 사람) magyar [머뎌르] (헝가리 사람)	vagyok [워독] (이에요 / 예요)
2인칭	(te) [때] (당신은, informal)	Sumi (수미) diák [디악] (학생) jól [욜] (잘)	vagy [워즈] (이에요 / 예요)

2. A magánhangzók (모음들)

mély [메이] (후모음) (autó) [어우또] (자동차)	magas [머거쉬] (전모음) (teniszütő) [때니스뙤] (테니스 라켓)
a á o ó u ú	e é i í ö ő ü ű

3. Mély, magas, vegyes

mély [메이] (후모음만 있는 단어) (autó)	magas [머거쉬] (전모음만 있는 단어) (teniszütő)	vegyes [왜재쉬] (후모음과 전모음도 있는 단어)
Magyarország [머뎌르오르삭] (헝가리) London [론돈] (런던)	Berlin [배를린] (베를린) München [뮨핸] (뮌헨)	Kína [끼너] (중국) Tokió [또끼오] (토쿄)

I. 다음 시간에 적합한 인사말을 선택하시오. (Mi a párja?)

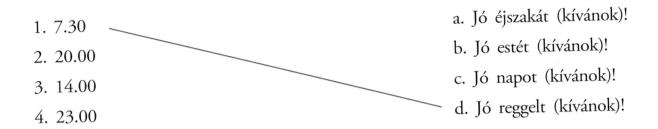

1. 7.30
2. 20.00
3. 14.00
4. 23.00

a. Jó éjszakát (kívánok)!
b. Jó estét (kívánok)!
c. Jó napot (kívánok)!
d. Jó reggelt (kívánok)!

II. 완전한 문장으로 연결하시오. (Mi a párja?)

1. Nem vagyok
2. Hogy
3. Jó
4. Nagyon
5. Nem
6. Köszönöm

a. éjszakát!
b. túl jól.
c. örülök!
d. probléma.
e. vagy?
f. szépen!

III. 다음 문장들을 맞는 순서대로 써서 대화를 완성하시오. (Mi a sorrend?)

- Peti vagyok. És te?
        - Én is!
- Én Kati vagyok.
        - Nagyon örülök!

● _____
○ _____
● _____
○ _____

IV. 말풍선(빈칸) 안에 적합한 인사말을 완성하시오. (Mi a köszönés?)

23

V. 'én / te'를 사용해서 다음 대화를 완성하시오.

- Peti **vagyok**. És _____?
- ○ _____ Susan **vagyok**.
- Nagyon örülök!
- ○ _____ is!

- _____ magyar **vagyok**. És _____?
- ○ Amerikai **vagyok**.
- Diák **vagy**?
- ○ Igen. És _____?
- _____ is diák **vagyok**.

VI. 빈칸에 올바른 알파벳을 선택하시오. (Melyik betű jó?)

s – sz	a – á	a – o
Oroszor__ág	__usztri__	Sp__ny__l__rszág
Au__tria	_usztr_li_	__l__sz__rszág
Ola__or__ág	Vietn__m	K__re__
__panyolor__ág	__ngli__	
	Jap__n	**e – é**
c – k	M__gy__rorsz__g	N__m__tország
__ína		Am__rika
Fran__iaország		
Törö_ország		

VII. 다음 그림을 보고 어느 나라 사람인지 맞춰 보시오. (Milyen nemzetiségű vagy?)

Pl.:

Hans-Jürgen vagyok.
- *Osztrák vagy?*
- ○ Nem, német vagyok.

Andrea vagyok.
- _____ vagy?
- ○ Nem, magyar vagyok.

Venus vagyok.
- _____ vagy?
- ○ Nem, francia vagyok.

Lucy vagyok.
- _____ vagy?
- ○ Nem, ausztrál vagyok.

Alex vagyok.
- _____ vagy?
- ○ Nem, orosz vagyok.

George vagyok.
- _____ vagy?
- ○ Nem, angol vagyok.

XIII. 다음 알파벳을 전모음과 후모음으로 분류하시오.

ö	ü	ó	é	e	u	l	o	ő	ú	a	é	á	ű	í

mély	magas

IX. 다음을 전모음, 후모음, 전후모음으로 분류하시오. (Mély, magas, vegyes?)

Ország: [오르삭] (국가)

Magyarország, Franciaország, Spanyolország, Olaszország, Németország, Anglia, Ausztria, USA / Amerika, Oroszország, Törökország, Korea, Japán, Kína, Vietnám, India, Ausztrália

Város: [와로쉬] (도시)

Róma, Denver, Madrid, Toronto, Washington, Peking, Köln, Berlin, Párizs, London, Helsinki, Moszkva, Szöul, Sydney, Ankara, Bécs, Busan, Hanoi, Tokió, Debrecen

mély (autó)	magas (teniszütő)	vegyes

IX. 빈칸에 올바른 알파벳을 선택하시오. (Melyik betű jó?)

e - é	a - á	a - o
__s	di__k	pr__blém__
Jó __jszakát!	v__gy	B__csán__t
Jó __st__t!	Szi__!	n__gy__n
M__gvagyok.		b__j
n__m		
__n		
t__		
szív__s__n		
probl__ma		

XII. 'vagyok-vagy'를 사용해서 다음 대화를 완성하시오.

a.

- Szia! Tomi _____. És te?
- Szia! Én Tom _____! ☺
- Á! Te angol _____?
- Nem, amerikai. És te?
- Én magyar _____.

b.

- Hogy _____?
- Köszönöm, jól. És te?
- Én is jól _____, köszönöm.

XIII. 다음 대화를 완성하시오.

a. Ki vagy?

_____

b. Hogy vagy?

- ☺_____
- ☺_____
- ☹_____

c. Köszönöm.

_____!

d. Milyen nemzetiségű vagy?

_____

2 / 1. 잘 들어본 후, 적합한 답을 선택하시오. **(Melyik válasz jó?)**

Pl.: : „Bocsánat!"

   a. Semmi baj. ✓

   b. Megvagyok.

   c. Én is.

1.

   a. Köszönöm!

   b. Viszlát!

   c. Jó reggelt!

2.

   a. Jó napot!

   b. Jó estét!

   c. Nagyon örülök!

3.

   a. Köszönöm jól!

   b. Én is!

   c. És te?

4.

   a. Német vagyok.

   b. Nem probléma.

   c. Köszönöm, jól.

5.

   a. Semmi baj.

   b. Megvagyok.

   c. Én is.

6.

   a. Hogy vagy?

   b. Megvagyok, köszönöm.

   c. Igen, jól vagyok.

7.

   a. Szia!

   b. Viszontlátásra!

   c. Jó reggelt!

8.

   a. Jó reggelt!

   b. Viszlát!

   c. Jó estét!

9.

   a. Én is.

   b. Jó napot!

   c. Megvagyok.

10.

   a. Semmi probléma.

   b. Viszontlátásra!

   c. Én is!

2 / 2. 잘 들어본 후, 정확한 도로명을 선택하시오. (Melyik utca?)

Pl.: 🗣 : „Nyár utca"

0. <u>Nyár utca</u> - Gyár utca

1. Sír utca - Szír utca

2. Csak utca - Csók utca

3. Szár utca -Sár utca

4. Zab utca - Szab utca

5. Keve utca - Kéve utca

6. Kerék utca - Kerek utca

7. Ólom utca - Alom utca

2 / 3. 잘 들어본 후, 적합한 표정을 선택하시오. (Hogy vagy?)

Pl.: 🗣 : „Jól vagyok, köszönöm."

0. ☺ ☺ ☹

1. ☺ ☺ ☹

2. ☺ ☺ ☹

3. ☺ ☺ ☹

4. ☺ ☺ ☹

5. ☺ ☺ ☹

Amerika	미국	USA
amerikai	미국인	American
Anglia	영국	England
angol	영국인	English
ausztrál	호주인	Australian
Ausztrália	호주	Australia
Ausztria	오스트리아	Austria
Bocsánat!	미안합니다! / 실례합니다!	Sorry! / Excuse me!
búcsúzás	작별	saying good-bye / farewell
Csókolom!	나이가 많은 할머니에게, 보통 아는 사이에 사용하는 인사	Hello (to elders)
de	그러나	but
diák	학생	student
én	저(는) / 나(는)	I, me
Én is!	저도요.	Me too!
értem	이해하다 / 알아듣다.	I see. / I understand.
feladat	연습 문제	exercise
francia	프랑스인	French
Franciaország	프랑스	France
Helló!	안녕!	Hello!
Hogy vagy?	어떻게 지내세요?	How are you?
India	인도	India
indiai	인도인	indian
is	-도 (또한)	too
Japán	일본	Japan
japán	일본인	Japanese
Jó éjszakát (kívánok)!	안녕히 주무세요!	Good night!
Jó estét (kívánok)!	안녕하세요! (저녁 인사)	Good evening!
Jó napot (kívánok)!	안녕하세요! (오전 및 오후 인사)	Good day!
Jó reggelt (kívánok)!	안녕하세요! (아침 인사)	Good morning!
Ki?	누구? / 누가?	Who?
Kína	중국	China
kínai	중국인	Chinese
Korea	한국	Korean

koreai	한국인	Korean
köszönés	인사	greeting
Köszönöm (szépen)!	(정말) 감사합니다	Thank you (very much).
magánhangzó	모음	vowel
magyar	헝가리인	Hungarian
Magyarország	헝가리	Hungary
már	이미	already
Megvagyok.	그럭저럭 지내요	I am all right.
nagyon	많이	very, a lot, much
Nagyon örülök!	매우 반갑습니다.	Nice to meet you.
(Nagyon) szívesen!	천만에요.	Not at all.
nem	아니다	no
Nem értem.	이해하지 못했습니다.	I do not understand.
nemzetiség	국적	nationality
német	독일인	German
Németország	독일	Germany
nyelvtan	문법	grammar
olasz	이탈리아인	Italian
Olaszország	이탈리아	Italy
ország	나라	country
osztrák	오스트리아인	Austrian
Pl.:	예를 들면	e.g.
probléma	문제	problem
spanyol	스페인인	Spanish
Spanyolország	스페인	Spain
Szia!	안녕!	Hi!
Sziasztok!	안녕! (두 명 이상에게)	Hi!(Pl.)
te	당신 (informal)	you (informal)
Tessék?	네? / 뭐라고요?	Pardon?
török	터키인	Turkish
Törökország	터키	Turkey
USA	미국	USA
utca	길 / 거리	street
vagy	혹은	or
Vietnám	베트남	Vietnam
vietnámi	베트남인	Vietnamese
Viszlát! / Viszontlátásra!	안녕히 계(가)세요!	Good-bye!

3. Ki?

[끼?]

(누구?)

3 / A. 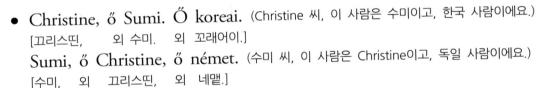 Ő Christine, ő Sumi… (이 사람은 Christine, 이 사람은 수미…)

[외 끄리스띤, 외 수미…]

- Szia Christine! (안녕, Christine!)
  [씨어 끄리스띤!]

○ Sziasztok! (안녕!)
  [씨어스똑!]

- Christine, ő Sumi. Ő koreai. (Christine 씨, 이 사람은 수미이고, 한국 사람이에요.)
  [끄리스띤, 외 수미. 외 꼬래어이.]
  Sumi, ő Christine, ő német. (수미 씨, 이 사람은 Christine이고, 독일 사람이에요.)
  [수미, 외 끄리스띤, 외 네맽.]

■ Nagyon örülök! (정말 반가워요.)
  [너죤 외를뢱.]

○ Én is örülök! (저도 반가워요.)
  [엔 이쉬 외를뢱.]

3 / B. Nagyon örülök! (정말 반가워요.)

[너죤 외를뢱]

- Jó napot kívánok! Kovács Péter vagyok. (안녕하세요! 저는 꼬바치 뻬때르입니다.)
  [요 너뽙 끼와녹! 꼬바치 뻬때르 워둑.]

○ Jó napot kívánok! Kim Sumi vagyok. (안녕하세요! 저는 김수미입니다.)
  [요 너뽙 끼와녹! 김수미 워둑.]

- Nagyon örülök! (정말 반갑습니다.)
  [너죤 외를뢱!]

○ Én is örülök! (저도 반갑습니다.)
  [엔 이쉬 외를뢱!]

- Ön japán? (일본 사람입니까?)
  [왼   여빠?]

- Nem, koreai vagyok. És Ön? (아니요, 저는 한국 사람입니다. 당신은요?)
  [냄,   꼬래어이   워독.   에시 왼?]

- Én magyar vagyok. (저는 헝가리 사람입니다.)
  [엔   머져르   워독.]

3 / C.  Tessék? (네? / 뭐라고요?)
[때쉑?]

- Hogy van? (어떻게 지내십니까?)
  [호즈   원?]

- Tessék? Nem értem. (뭐라고요? 잘못 들었어요.)
  [때쉑?   냄   에르땜.]

- HOGY VAN? (어떻게 지내시냐구요?)
  [호즈   원?]

- Á, már értem. Jól vagyok, köszönöm. És Ön? Hogy van?
  [아, 마르 에르땜! 욜   워독,   꾀쐬늼.   에시 왼?   호즈 원?]
  (아, 네~ 알았어요. 잘 지냅니다. 감사합니다. 당신은 어떻게 지내십니까?)

- Tessék? (네?/뭐라고요?)
  [때쉑?]

- HOGY VAN? (어떻게 지내시냐구요?)
  [호즈   원?]

- Á! Jól vagyok, köszönöm. (아, 잘 지냅니다. 감사합니다.)
  [아! 욜   워독,   꾀쐬늼.]

3 / D. 🗣️ Ön budapesti? (당신의 고향은 부다페스트입니까?)
[왼 부더빼시띠?]

- Ön koreai, ugye? (당신은 한국인이지요?)
  [왼 꼬래어이, 우재?]

○ Igen, koreai vagyok. És ön? (네, 한국인입니다. 당신은요?)
  [이갠 꼬래어이 워독. 에시 왼?]

- Én magyar vagyok. (저는 헝가리인입니다.)
  [엔 머뎌르 워독.]

○ Tényleg? És ön budapesti? (정말요? 그리고 당신의 고향은 부다페스트입니까?)
  [떼닐랙? 에시 왼 부더빼시띠?]

- Nem, debreceni vagyok. Ön szöuli? (아니요, 제 고향은 데브레첸입니다. 당신의 고향은 서울입니까?)
  [냄, 대브래채니 워독. 왼 쇠울리?]

○ Igen, szöuli vagyok. (네, 제 고향은 서울입니다.)
  [이갠, 쇠울리 워독.]

Hogy vagy? (어떻게 지내요?)
[호즈   워즈?]

fáradt (피곤하다) [파럳트]	álmos (졸리다) [알모쉬]	éhes (배가 고프다) [에해쉬]	szomjas (목이 마르다) [솜여쉬]
beteg (아프다) [배땍]	vidám (기쁘다) [위담]	szomorú (슬프다) [쏘모루]	

1. (Én) … vagyok, (te) … vagy, ön / ő … Ø

(저는 …입니다. 당신은 …입니다. 이 사람은 …입니다.)

'~이다'의 단수형 현재 활용형 (1인칭, 2인칭, 3인칭)

	인칭대명사		동사
1인칭	(én) [엔] (저는 / 나는)	Kovács Péter [꼬바치 뻬때르] magyar [머져르] (헝가리 사람)	vagyok. [워돜] (입니다)
2인칭	(te) [때] (당신은, informal)	budapesti [부더빼시띠] (고향이 부다페스트) Kim Sumi (김수미)	vagy. [워즈] (입니다)
	(Ön) [왼] (당신은, formal)	koreai [꼬래어이] (한국 사람) szöuli [쇠울리] (고향이 서울) diák [디앜] (학생)	Ø (입니다)
3인칭	(ő) [외] (이 / 그 사람은)	fáradt [파럳트] (피곤하다) vidám [위담] (기쁘다)	Ø (입니다)

2. szülőhely: város + -i (고향: 도시 + -i)

város [와로쉬] (도시)		szülőhely [쓸뢰해이] (고향) ※고향을 소문자로 씁니다
Budapest [부더빼시트] (부다페스트)	→	budapesti [부더빼시띠]
Debrecen [대브래챈] (데브레첸)	→	debreceni [대브래챈이]
Szöul [쇠울] (서울)	→	szöuli [쇠울리]
Busan [부산] (부산)	→	busani [부산이]
London [론돈] (런던)	→	londoni [론돈이]
Párizs [빠리즈] (파리)	→	párizsi [빠리지]
Washington [워싱똔] (워싱턴)	→	washingtoni [워씽똔이]
Peking [빼낑] (베이징)	→	pekingi [빼낑이]
Tokió [또끼오] (도쿄)	→	tokiói [또끼오이]

Magyar vagyok, budapesti vagyok. (저는 헝가리 사람이고, 고향은 부다페스트예요.)

[머져르   워독.   부더빼시띠   워쬭.]

Koreai vagy? Szöuli vagy? (한국 사람인가요? 고향은 서울인가요?)

[꼬래어이 워즈?   쇠울리   워즈?]

Ő japán, tokiói. (그는 일본 사람이고, 고향은 도쿄예요.)

[외   여빤.   또끼오이.]

36

I. 다음 그림에 맞는 사람의 이름, 국적, 도시를 찾아보시오. (Ki honnan jön?)

Peking, ~~Oroszország~~, Spanyolország, Bécs, Olaszország, Jerome, Róma,
Kurt, Párizs, India, Új-Delhi, Jennifer, ~~Moszkva~~, Florida, Japán, München,
Vietnám, Kína, Ankara, Tokió, Madrid, Ausztria, Saigon, Sheima

	Ő Alina. Alina orosz, moszkvai.		Ő Carmen. _____ _____
	Ő Luigi. _____ _____		Kurt német, _____ _____
	Ő Sonam. _____ _____		Jennifer amerikai, _____ _____
	Ő Ruriko. _____ _____		Ő Ngun. _____ _____
	_____ Jerome francia, _____		Ő Li. _____ _____
	_____ Sheima török, _____		Ő Ulrike. _____ _____

II. 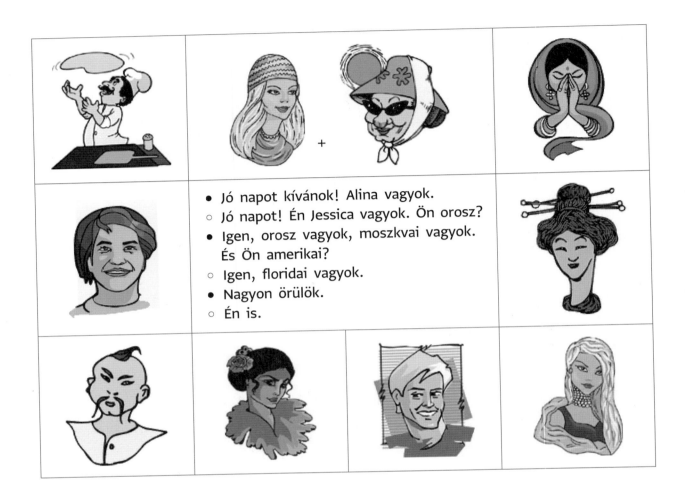 다음 그림을 보고 보기와 같이 이야기해 보시오.

- Jó napot kívánok! Alina vagyok.
- Jó napot! Én Jessica vagyok. Ön orosz?
- Igen, orosz vagyok, moszkvai vagyok. És Ön amerikai?
- Igen, floridai vagyok.
- Nagyon örülök.
- Én is.

III. 다음 사람들이 어느 도시에서 왔는지 써 보시오. (Ki honnan jön?)

a. Pedro spanyol, _____madridi_____ (Madrid, ~~Bécs~~)

b. Mike amerikai, _____ (Peking, Texas)

c. Jean francia, _____ (Amszterdam, Párizs)

d. Hans német, _____ (Frankfurt, Brüsszel)

e. Jichak orosz, _____ (Szentpétervár, Prága)

f. Marco olasz, _____ (Athén, Velence)

g. Zoli magyar, _____ (Debrecen, Zágráb)

IV.  보기와 같이 당신의 고향이 어디인지 친구들과 이야기해 보시오.

- Szia. Jane vagyok. És te?
- ○ Én Kurt vagyok.
- Te német vagy?
- ○ Igen, müncheni vagyok. És te?
- Én amerikai vagyok. New York-i vagyok.
- ○ Nagyon örülök.
- Én is.

név	nemzetiség	város
Tanárnő / Tanár Úr	*magyar*	*budapesti*
én		

V. 다음 국적들을 전모음, 후모음, 전후모음으로 분류하시오.

vietnámi, japán, orosz, török, amerikai, olasz, indiai, angol,
német, ausztrál, osztrák, koreai, francia, kínai, magyar, spanyol

mély (autó)	magas (teniszütő)	vegyes

3 / 1. 잘 들어본 후, 그림에서 보는 사람의 고향을 선택하시오. (Ki honnan jön?)

Pl.: 🗣 : „Ő Luigi, olasz.”

	0. Ő Luigi, …. a. [római] b. athéni c. madridi

	1. Ő Melanie, …. a. madridi b. londoni c. müncheni		**4. Ő Hans ….** a. salzburgi b. müncheni c. washingtoni
	2. Ő Paul, …. a. római b. manchesteri c. New York-i		**5. Ő Ann ….** a. párizsi b. liverpooli c. bostoni
	3. Ő Fatma, …. a. bécsi b. isztambuli c. moszkvai		**6. Ő Andrea ….** a. budapesti b. barcelonai c. moszkvai

3 / 2. 잘 들어본 후, 문장들이 informal (te)인지 formal (ön)인지 정하시오. (Te vagy ön?)

Pl. 🗣 : „Hogy vagy?”

	te	ön
0.	X	
1.		
2.		
3.		
4.		

	te	ön
5.		
6.		
7.		
8.		

3 / 3. 잘 들어본 후, 문장들이 질문인지, 질문이 아닌지를 정하시오. (Kérdés? Nem kérdés?)

Pl. : „Günter berlini.”

	.	?
0.	X	
1.		
2.		
3.		

	.	?
4.		
5.		
6.		
7.		

álmos	졸리다	sleepy
Amszterdam	암스테르담	Amsterdam
Bécs	빈 / 비엔나	Vienna
beteg	아프다	ill
Brüsszel	브뤼셀	Brussels
éhes	배가 고프다	hungry
fáradt	피곤하다	tired
név	이름	name
ön	당신 (formal)	you (formal)
Párizs	파리	Paris
Peking	베이징	Beijing
Prága	프라하	Prague
Szentpétervár	상트페테르부르크	Saint Petersburg
szomjas	목이 마르다	thirsty
szomorú	슬프다	sad
Szöul	서울	Seoul
tanár	선생님	teacher
tanárnő	선생님 (여자)	teacher (woman)
Tényleg?	정말요?	Really?
Tokió	도쿄	Tokyo
Ugye?	그렇지 않나요?/그렇죠?	...right?
Új-Delhi	뉴델리	New Delhi
város	도시	town
Velence	베네치아	Venice
vidám	기쁘다	glad
Zágráb	자그레브	Zagreb

4. Mit csinálsz? (1.)
[미트   치날스?]
(뭐 하세요?)

4 / A. Mi a telefonszáma? (전화번호가 어떻게 되십니까?)
[미 어   땔래폰싸머?]

- Mi a telefonszáma? (전화번호가 어떻게 되십니까?)
  [미 어   땔래폰싸머?]

○ 06-20-389-2651.

- Köszönöm! (고맙습니다.)
  [꾀쐬늼.]

4 / B. Mit csinálsz? (뭐 하세요?)
[밑 치날스?]

- Szia Minsu! (안녕, 민수!)
  [씨어 민수!]

○ Szia Christine! Mit csinálsz? (안녕 Christine! 뭐 하세요?)
  [씨어   끄리스띤!   밑   치날스?]

- Vásárolok. És te? (쇼핑하고 있어요. 당신은요?)
  [와샤롤록.   에시 때?]

○ Én most tanulok... (저는 지금 공부하고 있어요.)
  [엔 모시뜨 떠눌록...]

- Jó, akkor később telefonálok. (네~, 그럼 이따가 전화할게요.)
  [요, 어꼬르   께쇠쁘   땔래포날록]

○ Oké, köszönöm! Szia! (네, 고마워요! 안녕!)
  [오께,   꾀쐬늼!   씨어!]

- Szia! (안녕!)
  [씨어!]

4 / C. 🗣️ Milyen nyelven beszél? (어떤 언어를 할 줄 아십니까?)
[미얜   낼밴   배쎌?]

- Ön milyen nyelven beszél? (어떤 언어를 할 줄 아십니까?)
  [왼   미얜   낼밴   배쎌?]

○ Angolul, németül, oroszul és kínaiul. És most magyarul tanulok.
  [언골룰,   네매튈,   오로술 에시 끼너이울. 에시 모시뜨   머뎌룰   떠눌록.]
  (영어, 독일어, 러시아어하고 중국어를 할 줄 알고 현재 헝가리어를 배우고 있습니다.)

- Tényleg? Én csak spanyolul és törökül beszélek... És én is magyarul tanulok.
  [떼닐랙?   엔 척   슈뻐뇰룰 에시 뙤뢰뀔   배쎌랙.   에시 엔 이쉬   머뎌룰   떠눌록.]
  (정말요? 저는 스페인어와 터키어 밖에 할 줄 모르는데… 저도 현재 헝가리어를 배우고 있습니다.)

1. Számok (숫자들)

0	nulla [눌러]				
1	egy [앤즈]	11	tizenegy [띠잰앤즈]	21	huszonegy [후쏜앤즈]
2	kettő* [깨뙤]	12	tizenkettő* [띠잰깨뙤]	22	huszonkettő* [후쏜깨뙤]
3	három [하롬]	13	tizenhárom [띠잰하롬]	23	huszonhárom [후쏜하롬]
4	négy [넫즈]	14	tizennégy [띠잰넫즈]	24	huszonnégy [후쏜넫즈]
5	öt [왵]	15	tizenöt [띠잰왵]	25	huszonöt [후쏜왵]
6	hat [헡]	16	tizenhat [띠잰헡]	26	huszonhat [후쏜헡]
7	hét [헽]	17	tizenhét [띠잰헽]	27	huszonhét [후쏜헽]
8	nyolc [뇰츠]	18	tizennyolc [띠잰뇰츠]	28	huszonnyolc [후쏜뇰츠]
9	kilenc [낄랜츠]	19	tizenkilenc [띠잰낄랜츠]	29	huszonkilenc [후쏜낄랜츠]
10	tíz [띠즈]	20	húsz [후스]	30	harminc [허르민츠]

* kettő / két [깨뙤 / 켙]

10	tíz [띠즈]	11	tizenegy [띠잰앤즈]
20	húsz [후스]	21	huszonegy [후쏜앤즈]
30	harminc [허르민츠]	31	harmincegy [허르민챈즈]
40	negyven [넫즈왠]	41	negyvenegy [넫즈왠앤즈]
50	ötven [왵왠]	51	ötvenegy [왵왠앤즈]
60	hatvan [헡완]	61	hatvanegy [헡완앤즈]
70	hetven [헽왠]	71	hetvenegy [헽왠앤즈]
80	nyolcvan [뇰츤완]	81	nyolcvanegy [뇰츤완앤즈]
90	kilencven [낄랜츤완]	91	kilencvenegy [낄랜츤완앤즈]
100	száz [사즈]	101	százegy [사즈앤즈]
1000	ezer [애재르]	1001	ezeregy [애잴앤즈]

két + ___	kettő + Ø
két forint [켙 포린트]	Lajos utca kettő Ø [러요시 웉처 깨뙤]
háromszázkét forint [하롬사즈켙 포린트]	háromszázkettő Ø [하롬사즈깨뙤]
2007: kétezer-hét [케때재르헽]	2002: kétezer-kettő Ø [케때재르깨뙤]

2. Telefonszámok (전화번호)

06-20-234-5678
1. nulla-hat – húsz – kettő-harmincnégy – ötvenhat – hetvennyolc
vagy [워즈] (혹은)
06-20-2345-678
2. nulla-hat – húsz – huszonhárom – negyvenöt – hat – hetvennyolc

3. Mit csinál? (무엇을 하고 있나요?)

ül (앉아 있다) [을]	**áll** (서 있다) [알]	**tanul** (공부하다 / 배우다) [떠눌]	**pihen** (쉬다) [삐핸]
vásárol (쇼핑하다) [와샤롤]	**telefonál** (통화하다 / 전화하다) [땔래포날]	**indul** (출발하다) [인둘]	**marad** (머물다) [머럳]
beszél (말하다) [배쎌]	**kirándul** (등산하다) [끼란둘]	**fut** (달리다 / 뛰다 / 조깅하다) [푸뜨]	**sétál** (산책하다 / 걸어가다) [세딸]

1. Mit csinálsz? (뭐 하세요?)

기본 동사의 단수형 현재 활용형

	인칭대명사	mély és vegyes	magas	마지막 모음: ö, ő, ü, ű	접미사
1인칭	(én) (저는 / 나는)	tanulok [떠눌록]	beszélek [배쎌랙]	ülök [을뢱]	-ok, -ek, -ök
2인칭	(te) (당신은, informal)	tanulsz [떠눌스]	beszélsz [배쎌스]	ülsz [을스]	-sz
2인칭	(ön) (당신은, formal)	tanul [떠눌]	beszél [배쎌]	ül [을]	ø
3인칭	(ő) (이 / 그 사람은)				

2. Milyen nyelven beszélsz? (어떤 언어를 사용하나요?)

nyelv (언어)   =   nemzetiség (국적)

[낼브]   =   [냄재띠섹]

> 국가와 언어를 표현하는 단어가 다를 경우가 있다:
>
> indiai (인도인)
> hindi (힌디어)

예) koreai(한국어/한국인)
  → nyelv (언어)
  → nemzetiség (국적)

-ul (mély és vegyes)	-ül (magas)
koreaiul [꼬래어이울] (한국말로) magyarul [머져룰] (영어로)	németül [네매틀](독일어로) törökül [뙤뢰끌] (터키어로)

- Milyen nyelven beszélsz? (어떤 언어를 할 줄 아세요?)
  [미앤   낼밴   배쎌스?]

- Koreaiul és angolul beszélek, és magyarul tanulok.
  [꼬래어이울 에시 언골룰   배쎌랙, 에시 머져룰   떠눌록.]
  (한국어와 영어를 할 줄 알고, 헝가리어를 배우고 있어요.)

FELADATOK [팰러더똑] (연습 문제)

I. 'két'이나 'kettő'를 사용해서 관용구를 완성하시오.

a. ___Két___ euró

b. Vas utca _____

c. _____száztizenöt

d. Matrix _____

e. Rákóczi út _____

f. Deák tér_____

g. _____ezer

h. _____ kóla

II. '-van'이나 '-ven'을 사용해서 숫자들을 완성하시오.

mély	magas
60: hat**van** 80: nyolc_____	40: negy_____ 50: öt_____ 70: het_____ 90: kilenc_____

III. 숫자와 단어를 연결하시오. (Kösd össze!)

```
34                    negyvenhét        47

        hetvennégy        harmincnégy        101

74      kétszáz       százegy    huszonkettő

 200        72            1001              22

  41    huszonnégy    hetvenkettő        6      207

     24    kétszázhuszonkettő       hat    kétszázhét

negyvenegy    ezeregy    ötvenhárom    kétszázkettő

   202       53          222
```

49

IV. 다음 그림에서 11개의 숫자를 찾아 써 보시오. (11 szám van itt, de hol?)

K	E	T	T	Ő	Ö	D
I	G	Í	H	A	T	M
L	S	Z	Á	Z	V	I
E	H	E	T	V	E	N
N	É	G	Y	Ő	N	E
C	T	Y	N	O	L	C

1. _kettő_
2. _____
3. _____
4. _____
5. _____
6. _____
7. _____
8. _____
9. _____
10. _____
11. _____

V. 다음 숫자 중 어느 숫자가 더 큰가요? (Matematika ☺)

0. egy   <   *öt*

1. harminc   harmincegy
2. tizennégy   negyvenegy
3. hetvenkettő   hatvanhárom
4. ötvenkilenc   nyolcvan

5. húsz   tizenkettő
6. negyvenhat   negyvenhét
7. száz   kilencvenkilenc

VI. 빈칸에 올바른 알파벳을 선택하시오. (Melyik betű jó?)

a – á	e – é	gy – ny
null___	___gy	e___
h___rom	k___ttő	né___
h___t	n___gy	___olc
sz___z	h___t	ne___vene___
	kil___nc	
	h___tv___n	
	___z___r	

50

VII. 다음의 전화번호 발음을 써 보시오. (Mi a telefonszám?)

Pl.:

   a. 06-20-194-56-82   nulla-hat-húsz-százkilencvennégy-ötvenhat-nyolcvankettő

   b. 06-30-746-21-03

   c. 06-70-210-50-70

   d. 413-35-99

   e. 0044-1223-57898

   f. 010-2574-2397

   g. 010-8432-6482

   h. +82-10-2583-2410

   I. +3630-738-2509

VIII. 다음 단어들을 인칭에 맞게 분류하시오. (Milyen forma?)

> beszélek, tanulsz, csinál, sétálok, állsz, ülsz, pihen, kirándulok, csinálsz, ülök, telefonál, indulok, vásárolok, beszél, kirándulsz, sétál, tanulok, maradsz, fut, telefonálsz, ül, pihenek, indulsz, futok

én: _____

te: _____

ön / ő: _____

IX. 다음 동사들을 인칭에 따라 변화시키시오. (Mi a helyes forma?)

	(én)	(te)	(ön)	(ő)
áll	állok	állsz	áll	áll
beszél				
pihen				
sétál				
tanul				
ül				
csinál				
telefonál				
kirándul				

X. 그림에 있는 동사들 인칭 변화시키시오. (**Mi a helyes forma?**)

Pl.:

 (én) → _tanulok_

 (ő) → _____

 (én) → _____

 (te) → _____

 (ön) → _____

 (ön) → _____

 (én) → _____

 (én) → _____

(te) → _____

 (ő) → _____

(én) → _____

 (én) → _____

IX. 다음 단어들을 –ul / –ül을 선택해서 분류하시오. (**–ul vagy –ül?**)

francia, angol, vietnámi, orosz, török, olasz, magyar, koreai, japán, spanyol, kínai, német, hindi

–ul (mély és vegyes)	–ül (magas)

X. -ul / -ül 을 알맞게 선택하시오. (-ul vagy -ül?)

1. Most tanulok angol____.
2. Nem beszélek német____.
3. Kicsit beszélek magyar____.
4. Te most nem tanulsz török____?
5. Tanulsz spanyol____?
6. Beszélsz olasz____?

XI. 밑줄 친 부분을 완성하시오.

ÉN

1. Anton vagyok, rotterdami vagyok. Beszél____ angol____ és német____, most tanul____ francia____.

TE - ÉN

1. - Beszél____ angolul?
   - Igen, beszél____ .
2. - Londoni _____?
   - Nem, berlini_____.
3. - Tanul____ magyarul?
   - Igen, tanul____.
4. - Angol _____?
   - Nem, amerikai _____.

ÖN - ÉN

1. - Beszél____ oroszul?
   - Igen, beszél____ .
2. - Belgrádi _____?
   - Nem, zágrábi _____.
3. - Tanul____ németül?
   - Igen, tanul____.
4. - Ön angol _____?
   - Nem, amerikai _____.

Ő - ÉN

5. Peti beszél____ spanyol____, én nem beszél____ .
6. Kati tud____ olasz____, én nem tud____.
7. Éva nem tanul____ török____, én tanul____.
8. Gergana bolgár_____, én olasz _____.

XII. Bingó (빙고 게임)

A

113	21	89	75	11	10
7	17	71	70	99	754
18	65	43	2008	100	1000
1	91	5	50	10	2007
86	114	36	15	564	12
46	19	13	66	9	145
8	75	3	33	574	333

B

2007	18	333	91	36	15
8	3	65	13	50	43
10	7	574	89	114	5
75	10	754	86	145	75
11	19	17	113	21	99
46	33	564	66	70	9
71	1000	2008	12	1	100

4 / 1. 잘 들어본 후, 다음에서 맞는 주소를 선택하시오. (Melyik a jó cím?)

Pl.: : „Deák tér 1."

0.
a. Deák tér 11.
b. **Deák tér 1.** ✓

1.
a. Kossuth Lajos utca 12.
b. Kossuth Lajos utca 17.

2.
a. Rákóczi út 53.
b. Rákóczi út 57.

3.
a. Vas utca 12.
b. Vas utca 18

4.
a. Aulich utca 24.
b. Aulich utca 21.

5.
a. Ferenciek tere
b. Ferenciek tere

6.
a. Ráday utca 48.
b. Ráday utca 43.

7.
a. Erzsébet körút 39.
b. Erzsébet körút 19.

8.
a. Blaha Lujza tér 1.
b. Blaha Lujza tér 4.

9.
a. Sas utca 41.
b. Sas utca 44.

4 / 2. 잘 들어본 후, 전화번호를 써보시오. (Telefonszámok)

Pl.: : „A főiskola telefonszáma 486-48-90"

0. főiskola [푀이시꼴러] (전문대학) _486-48-90_

1. rendőrség [랜되르색] (경찰서) _____

2. mentők [맨튁] (구급) _____

3. tűzoltóság [뜨졸또샥] (소방서) _____

4. egyetem [앤얘땜] (대학교) _____

5. Brad Pitt _____

6. Jennifer Aniston _____

4 / 3. 잘 들어본 후, 시험성적을 기입하시오. (A teszt)

Pl.: 🗣 : „Magnus: 87%" → % százalék [사절렉] (백분율)

0. Magnus: ___*87*___%   4. Nikos: _____%

1. Andrea: _____%   5. Silvia: _____%

2. Luigi: _____%   6. Maria: _____%

3. Marlain: _____%

akkor	그러면 / 그 때	then
áll	서 있다	to stand
beszél	말하다	to speak
egyetem	대학교	university
főiskola	전문대학	college
fut	달리다 / 뛰다 / 조깅하다	to run
Hány?	몇?	How many?
indul	출발하다	to leave / to depart
jó	좋다 / 괜찮다	good / right
később	이따가 / 나중에	later
kicsit	조금	a bit
kirándul	등산하다	to hike / to go on an excursion
marad	머물다	to stay
mentők	구급	ambulance
Mit csinál?	무엇을 하고 있나요?	What is he / she doing?
most	지금	now
nyelv	언어	language
pihen	쉬다	to rest
rendőrség	경찰서	police station
sétál	산책하다 / 걸어가다	to walk
tanul	공부하다 / 배우다	to study / to learn
telefonál	통화하다 / 전화하다	to talk on phone / to call
telefonszám	전화번호	phone number
Tényleg?	진짜로? / 정말로?	Really?
teszt	시험	test
tűzoltóság	소방서	fire station
ül	앉아 있다	to sit
város	도시	city
vásárol	쇼핑하다 / 장을 보다	to shop

5. Hány óra van? / Mennyi az idő?
[하니 오러 원? / 맨니 어즈 이되?]
(몇 시입니까?)

5 / A.

○ Bocsánat, mennyi az idő? (실례지만 몇시예요?)
[보차널, 맨니 어즈 이되?]

● Nyolc óra van. (8시예요.)
[뇰츠 오러 원.]

○ Köszönöm. (고맙습니다.)
[꾀쇠뇜.]

● Nincs mit. (천만에요.)
[닌츠 미트.]

5 / B.

● Bocsánat, hány óra van? (미안하지만, 몇시죠?)
[보차널, 하니 오러 원?]

○ Sajnos nem tudom. (잘 모르겠어요.)
[셔이노시 냄 뚜돔.]

5 / C.

○ Elnézést, mennyi az idő? (실례지만, 몇시입니까?)
[앨네제시트, 맨니 어즈 이되?]

● Háromnegyed kilenc. (8시 45분이에요.)
[하롬내쟬 낄랜츠.]

○ Tessék? Bocsánat, nem értem. (네? 미안하지만 못 알아들었어요.)
[때쒝? 보차널, 냄 에르땜.]

● Háromnegyed kilenc. (8시 45분이에요.)
[하롬내쟬 낄랜츠.]

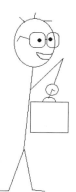

59

- ○ Tessék??? (네???)
  [때쉑???]

- ● Háromnegyed kilenc. Nyolc negyvenöt. (8시 45분.)
  [하롬내쟅   낄랜츠.   놀츠   낸즈왠욑.]

- ○ Á, értem. Köszönöm. (아, 네, 알았어요. 고맙습니다.)
  [아, 에르탬.   꾀쐬뇜.]

- ● Szívesen. (천만에요.)
  [씨왜쉔.]

5 / D.

- ● Te hol élsz? (어디에 살아요?)
  [때   홀   엘스?]

- ○ Koreában élek. És te? (한국에 살아요. 당신은요?)
  [꼬래아번   엘랙.   에시 때?]

- ● Én Kínában élek, de most Koreában tanulok. (저는 중국에 살지만 지금은 한국에서 공부해요.)
  [엔   끼나번   엘랙, 대 모시뜨 꼬래아번   떠눌록.]

5 / E.

- ● Hol él? (어디에 삽니까?)
  [홀   엘?]

- ○ Szöulban élek. És ön? (서울에 삽니다. 당신은요?)
  [쐬울번   엘랙. 에시 왼?]

- ● Én Busanban élek. (저는 부산에 삽니다.)
  [엔   부산번   엘랙.]

1. Egy nap (하루)

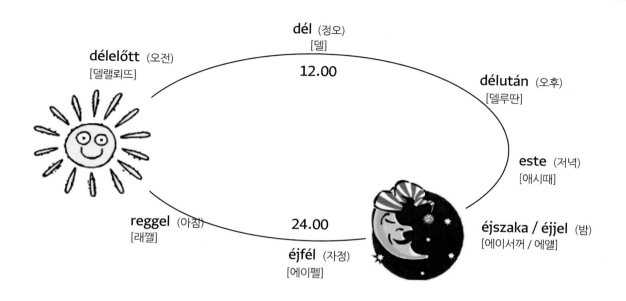

dél (정오)
[델]

12.00

délelőtt (오전)
[델랠뢰뜨]

délután (오후)
[델루딴]

este (저녁)
[애시때]

éjszaka / éjjel (밤)
[에이서꺼 / 에얠]

reggel (아침)
[래깰]

24.00

éjfél (자정)
[에이펠]

2. Óra, óra, óra... (시계, 시간, 수업...)

→ óra [오러] (시계)

→ karóra [껄오러] (손목 시계)

→ egy óra [앤즈 오러] (한 시간)

→ magyaróra [머뎌로러] (헝가리어 수업)

→ Hány óra van? / Mennyi az idő? (몇시예요?)
[하니 오러 원? / 맨니 어즈 이되?]

8. 00 → (reggel) 8 óra van ((아침) 8시예요.)
[(래깰) 놀츠 오러 원]

10.00 → (délelőtt) 10 óra van ((오전) 10시예요.)
[(델랠뢰뜨) 띠즈 오러 원]

12.00 → dél van (정오예요.)
[델 원]

13.00 → (délután) 1 óra van. **Vagy:** 13 óra van (오후 1시예요.)
[(델루딴) 앤즈 오러 원.   워즈: 띠잰하롬 오러 원]

20.00 → (este) 8 óra van. **Vagy:** 20 óra van (저녁 8시예요.)
[(애시때) 놀츠 오러 원. 워즈: 후스 오러 원]

24.00 → éjfél van (자정이에요.)
[에이펠 원]

$\frac{1}{4}$ → negyed (15분)
[내잴]

$\frac{1}{2}$ → fél (반)
[펠]

$\frac{3}{4}$ → háromnegyed (45분)
[하롬내잴]

불규칙 명사

8.15 → negyed 9 van
[내잴 낄랜츠 원]
(8시 15분이에요.)

8.30 → fél 9 van
[펠 낄랜츠 원]
(8시 반이에요.)

8.45 → háromnegyed 9 van
[하롬내잴 낄랜츠 원]
(8시 45분이에요.)

vagy:
[월즈]
(혹은)

8 óra 15 perc van
[놀츠 오러 띠잰윌 빼르츠 원]
(8시 15분이에요.)

8 óra 30 perc van
[놀츠 오러 허르민츠 빼르츠 원]
(8시 30분이에요.)

8 óra 45 perc van
[놀츠 오러 낸즈왠윌 빼르츠 원]
(8시 45분이에요.)

---

3. Hol? (어디에?)

-ban [번] (mély és vegyes)		**-ben** [밴] (magas)	
Tokió	→ Tokió**ban**	München	→ München**ben**
(도쿄	→ 도쿄에)	(뮌헨	→ 뮌헨에)
Japán	→ Japán**ban**	Berlin	→ Berlin**ben**
(일본	→ 일본에)	(베를린	→ 베를린에)
Madrid	→ Madrid**ban**	Köln	→ Köln**ben**
(마드리드	→ 마드리드에)	(쾰른	→ 쾰른에)
Szöul	→ Szöul**ban**		
(서울	→ 서울에)		
마지막 글자가 변함: a → á		**마지막 글자가 변함:** e → é	
Korea → Koreá**ban**		Firenze → Firenzé**ben**	
(한국 → 한국에)		(피렌체 → 피렌체에)	

DE: [대] (그렇지만)

Magyarország → Magyarország**on**
(헝가리 → 헝가리에)

Budapest → Budapest**en**
(부다페스트 → 부다페스트에)

FELADATOK [팰러더똑] (연습 문제)

I. 알맞은 단어로 채우시오. (**Melyik szó ez?**)

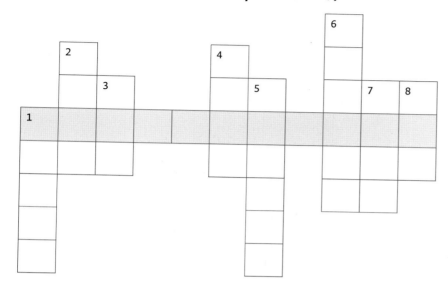

1. 15.00 = ...óra
2. 100
3. : Mi ez?
4. ...... óra van?
5. ...... az idő?
6. 16.15 = ...öt
7. 1 óra = 60 ...
8. Mennyi az ...?

II. 다음에 알맞은 단어를 쓰시오. (**Hány perc hány óra?**)

a. 60 perc = <u>   *egy óra*   </u>

b. 30 perc = _____ óra

c. ____ perc = háromnegyed óra

d. 15 perc = _____ óra

III. 다음 시간의 올바른 표현을 선택하시오. (**Melyik a jó?**)

Pl.: 2 óra 45	=	a. háromnegyed 2	b. *háromnegyed 3*
1. 11 óra 30	=	a. fél 11	b. fél 12
2. 23 óra 30	=	a. fél 11	b. fél 12
3. 3 óra 45	=	a. háromnegyed 3	b. háromnegyed 4
4. 5 óra 15	=	a. negyed 6	b. negyed 5
5. 1 óra 45	=	a. háromnegyed 1	b. háromnegyed 2
6. 8 óra 30	=	a. fél 9	b. fél 8
7. 6 óra 30	=	a. fél 6	b. fél 7
8. 21 óra 45	=	a. háromnegyed 10	b. háromnegyed 9

63

IV. 다음 시간의 올바른 표현을 선택하시오. (**Melyik a jó?**)

Pl.: háromnegyed 1 = a. *12.45*   b. 13.45

1. fél 2 = a. 13.30   b. 14.30
2. fél 9 = a. 20.30   b. 21.30
3. háromnegyed 3 = a. 15.45   b. 14.45
4. negyed 6 = a. 17.15   b. 18.15
5. fél 10 = a. 10.30   b. 9.30
6. háromnegyed 11 = a. 23.45   b. 22.45
7. fél 7 = a. 7.30   b. 6.30
8. háromnegyed 4 = a. 15.45   b. 16.45

V. 다음 시간을 순서대로 쓰고, 숫자로도 표현하시오. (**Mi a jó sorrend?**)

dél	1. _____
este negyed kilenc	2. *reggel hat (06.00)*
délután háromnegyed kettő	3. _____
~~reggel hat~~	4. _____
délelőtt fél tíz	5. _____
délután két óra negyvenöt	6. _____
reggel fél hét	7. _____
este huszonegy negyven	8. _____
délelőtt háromnegyed tizenegy	9. _____
éjfél	10. _____

VI. 다음 시계그림의 시간은 몇 시인가요? (**Hány óra van?**)

Pl.: Tíz óra. - Huszonkét óra.

a. _____

c. _____

b. _____

d. _____

64

VII. 몇 시인가요? (Hány óra van?)

Pl. <u>15.30</u>   <u>*(délután) fél 4*</u>   <u>*tizenöt óra harminc perc*</u>

a. 7.15   _____   _____

b. 8.45   _____   _____

c. ____   _____   tizenkét óra harminc perc

d. 13.15   _____   _____

e. ____   (este) háromnegyed nyolc   _____

f. 21.30   _____   _____

g. ____   _____   huszonkét óra harmic perc

h. 23.45   _____   _____

VIII. 다음 문장들을 순서에 맞게 쓰고 대화를 완성하시오. (Mi a jó sorrend?)

Mennyi? Bocsánat, nem értem.
    Á, értem. Köszönöm.
Negyed hat.
    Szívesen.
Elnézést, mennyi az idő?
    Negyed hat. Öt tizenöt.
	● _____
	○ _____
	● _____
	○ _____
	● _____
	○ _____

IX. 다음 표에서 알맞은 단어를 고르시오. (Melyik szó hiányzik?)

TESSÉK	IDŐ	NYOLC

○ Bocsánat, mennyi az _____?

● Fél kilenc.

○ _____? Bocsánat, nem értem.

● Fél kilenc. _____ harminc.

○ Á, értem. Köszönöm.

● Szívesen.

X. 다음 대화를 완성하시오. (Mi hiányzik?)

1.

● Bocsánat, hány _____ van?

○ Sajnos _____ tudom.

2.

● Elnézést, _____ az idő?

○ Tizenegy _____ van.

● Köszönöm.

○ _____ mit.

XI. 주어진 단어를 순서에 맞게 사용해 대화를 완성하시오. (Mi a helyes sorrend?)

○ van --- bocsánat --- óra --- hány?   _____

● kettő --- negyed   _____

○ köszönöm   _____

● mit --- nincs   _____

XII. 다음 문장에서 -ban / -ben을 선택하시오.

a. Ron vagyok, Amszterdam___élek.

b. Ana vagyok, Barcelona_____ élek.

c. Tim Dortmund_____ él.

d. Te Eindhoven_____ élsz?

e. Kimi Helsinki_____ él.

f. Ön Kairó_____ él?

g. Te München_____ élsz?

h. Tim Madrid___ és Berlin_____ él.

i. Ön Párizs_____ él?

j. Te London_____ élsz?

XIII. Én vagyok, te vagy, ő ...

a. 아래 사람들의 자기소개를 보고 그들을 설명하시오.

	Carmen vagyok. Spanyol vagyok, most Párizsban élek. Diák vagyok. Beszélek franciául és olaszul.	⇒	Ő Carmen. Ő _____ _____ _____ _____ _____
	Helga vagyok. Német vagyok, Berlinben élek. Beszélek angolul.	⇒	_____ _____ _____ _____

b. Informal 질문을 완성하시오.

	John vagyok, angol vagyok. Tanár vagyok. Londonban élek. Beszélek németül.	⇒	Te John vagy? Te _____ _____ _____ _____
	Sheima vagyok. Török vagyok. Isztambulban élek. Beszélek törökül, és most magyarul tanulok.	⇒	_____ _____ _____ _____

c. Formal 질문을 완성하시오.

	Luigi vagyok. Olasz vagyok, most Rómában élek. Beszélek franciául.	⇒	Ön Luigi? Ön _____ _____ _____
	Jennifer vagyok. Amerikai vagyok. New Yorkban élek. Beszélek olaszul.	⇒	_____ _____ _____ _____

5 / 1. 잘 들어본 후, 정답을 선택하시오. (Melyik a jó?)

Pl.: 🗣 : „háromnegyed 1"

0.   a. 12.45   b. 13.45

1.   a. 16.30   b. 17.30   5.   a. 7.30   b. 8.30

2.   a. 22.30   b. 23.30   6.   a. 8.45   b. 9.45

3.   a. 11.45   b. 12.45   7.   a. 9.30   b. 10.30

4.   a. 15.15   b. 16.15   8.   a. 18.45   b. 19.45

5 / 2. 잘 들어본 후, 정답을 선택하시오. (Melyik a jó?)

Pl.: 🗣 : „12 óra 45"

0.   a. háromnegyed 12   b. háromnegyed 1

1.   a. fél 5   b. fél 6

2.   a. fél 1   b. fél 2

3.   a. negyed 11   b. negyed 12

4.   a. háromnegyed 10   b. háromnegyed 11

5.   a. fél 4   b. fél 3

6.   a. negyed 10   b. háromnegyed 10

7.   a. negyed 12   b. háromnegyed 12

8.   a. fél 7   b. fél 8

5 / 3. 잘 들어본 후, 정확한 시간을 쓰시오. (Bocsánat, hány óra van?)

Pl.: 🗣 : „Este tíz óra van."

0.   _22.00_

1. _____   5. _____   9. _____

2. _____   6. _____   10. _____

3. _____   7. _____

4. _____   8. _____

dél	정오	noon
délelőtt	오전	morning
délután	오후	afternoon
éjfél	자정	midnight
él	살다/거주하다	live
Elnézést!	실례합니다.	Excuse me!
háromnegyed	45분	quarter to
hol	어디?	Where?
karóra	손목 시계	wristwatch
Mennyi?	얼마? (수량)	How much?
magyaróra	헝가리어 수업	Hungarian class
óra	1. 시간 / 시 2. 시계	1. hour 2. clock, watch
perc	분	minute
sajnos	안타깝게도	unfortunately
teszt	시험	test

6.

Mi ez? Milyen a...?
[미 애즈? 미앤 어...?]
(이것은 무엇인가요? ...이 / 가 어떤가요?)

6 / A.

- Bocsánat, mi ez? (저기요, 이게 뭐죠?)
  [보차낱, 미 애즈?]

  ○ Ez? Tésztasaláta. (이거요? 파스타 샐러드요.)
  [애즈? 떼스떠셜라떠.]

- És mi az? Ananásztorta? (그럼 저건요? 파인애플 케이크인가요?)
  [에시 미 어즈? 어너나스또르떠?]

  ○ Nem. Az citromtorta. (아뇨. 저건 레몬 케이크예요.)
  [냄. 어즈 치뜨롬또르떠.]

- Nagyon édes? (많이 단가요?)
  [너돈 에대시?]

  ○ Nem, nem túl édes. Nagyon finom. (아뇨, 그렇게 달지 않아요. 아주 맛있어요.)
  [냄, 냄 뚤 에대시. 너돈 피놈.]

- Köszönöm. (고맙습니다.)
  [꾀쐬놤.]

6 / B.

- Bocsánat, ez almalé? (저기요, 이것은 사과 주스인가요?)
  [보차낱, 애즈 얼멀레?]

  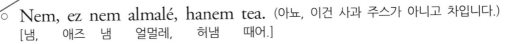 ○ Nem, ez nem almalé, hanem tea. (아뇨, 이건 사과 주스가 아니고 차입니다.)
  [냄, 애즈 냄 얼멀레, 허냄 때어.]

- Köszönöm. (고맙습니다.)
  [꾀쐬놤.]

6 / C.

- Elnézést, ez marhahús? (저기요, 이것은 소고기인가요?)
  [앨네제시트, 애즈 머르허후시?]

  ○ Igen. (네.)
  [이갠.]

- És az ott? Az sertéshús? (저기 그건요? 그건 돼지고기인가요?)
  [에시 어즈 오뜨? 어즈 섀르떼시후시?]

  ○ Nem, az is marha. (아뇨, 그것도 소고기예요.)
  [냄,　어즈 이시 머르허.]

6 / D.

- Elnézést, mi ez? (저기요, 이것은 뭐죠?)
  [앨네제시트,　미　애즈?]

  ○ Gyümölcsleves. (과일수프예요.)
  [쥬묄츨래왜시.]

- Hideg vagy meleg? (차가운가요? 뜨겁나요?)
  [히댁　월즈　맬랙?]

  ○ Hideg. (차가워요.)
  [히댁.]

- Köszönöm. (고맙습니다.)
  [꾀쐬뇜.]

6 / E.

- Elnézést, ez csirke? (저기요, 이것은 닭고기인가요?)
  [앨네제시트, 애즈 치르깨?]

  ○ Igen. (네.)
  [이갠.]

- És csípős? (매운가요?)
  [에시 치푀시?]

  ○ Igen, egy kicsit csípős. (네, 조금 매워요.)
  [이갠,　앧즈　끼칕　치푀시.]

- És az is? Az is csirke? (저것도요? 저것도 닭고기인가요?)
  [에시 어즈 이시? 어즈 이시 치르깨?]

  ○ Nem, az pulyka. (아니요, 저것은 칠면조고기예요.)
  [냄,　어즈　뿌이꺼.]

Mi ez? (이것은 무엇인가요?)
[미 애즈?]

marha(hús), só, narancslé, csirke(hús), alma, vaj, pulyka(hús), hal, tészta, saláta, sertés(hús), citrom, ananász, citromtorta, narancs, tojás, cukor, csokitorta, almalé, kifli, tea, csokoládé / csoki, sajt, gyümölcs, leves, fagylalt / fagyi, kávé

오렌지	오렌지 주스	사과	사과 주스
파인애플	과일	차	커피
생선 / 물고기	닭고기 / 닭	칠면조고기 / 칠면조	소고기 / 소
돼지고기	국	파스타	샐러드
레몬	레몬 케이크	초콜릿	초콜릿 케이크
아이스크림	소라빵	버터	계란 / 알
치즈	소금	설탕	

Milyen a ...? (…이 / 가 어떤가요?)
[미얜　　어…]

hideg (차갑다) [히댁]	**meleg** (뜨겁다 / 따뜻하다) [맬랙]	**sós** (짜다) [쇼시]	**édes** (달다) [에대시]
csípős / erős (맵다) [치푀시 / 애뢰시]	**savanyú** (시다) [셔워뉴]	**keserű** (쓰다) [깨섀르]	**finom** (맛있다) [피놈]
	100 forint **olcsó** (싸다) [올초]	1000 forint **drága** (비싸다) [드라거]	
kicsi (작다) [끼치]	**közepes** (중간이다) [꾀재패시]	**nagy** (크다) [넏즈]	

Milyen a kávé? (커피는 어떤가요?)
[미앤 어 까웨?]

DRÁGA (비싸다) [드라거]			
			euró [애우로] (€ , 유로)
1 euró	3 euró	5 euró	10 euró
nem túl drága [냄 뚤 드라거] (그렇게 비싸지 않다)	**kicsit drága** [끼칟 드라거] (조금 비싸다)	**elég / nagyon drága** [앨렉 / 너돈 드라거] (꽤 / 많이 비싸다)	**túl drága** [뚤 드라거] (매우 비싸다)

1. Mi ez? Mi az? (이것은 뭐죠? 저것은 뭐죠?)

○ Mi ez? (이것은 뭐죠?) [미 애즈?] ● Csirke. (닭고기예요.) [치르깨.]	○ Mi az? (저것은 뭐죠?) [미 어즈?] ● Pulyka. (칠면조고기예요.) [뿌이꺼.]
○ Ez csirke? (이것은 닭고기인가요?) [애즈 치르깨?] ● Igen, ez csirke. (네, 이것은 닭고기예요.) [이갠, 애즈 치르깨.]	○ Az pulyka? (저것은 칠면조고기인가요?) [어즈 뿌이꺼?] ● Igen, az pulyka. (네, 저것은 칠면조고기예요.) [이겐, 어즈 뿌이꺼.]
○ Ez csirke? (이것은 닭고기인가요?) [애즈 치르깨?] ● Nem, ez **nem** csirke, **hanem** pulyka. [냄, 애즈 냄 치르깨, 허냄 뿌이꺼.] (아니요, 이것은 닭고기가 아니고 칠면조고기예요.)	○ Az pulyka? (저것은 칠면조고기인가요?) [어즈 뿌이꺼?] ● Nem, az **nem** pulyka, **hanem** csirke. [냄, 어즈 냄 뿌이꺼, 허냄 치르깨.] (아니요, 저것은 칠면조고기가 아니고 닭고기예요.)

2. a, az (정관사; 영어의 the와 같은 단어)

	자음으로 시작하는 명사		모음으로 시작하는 명사
a [어]	a **f**agyi (아이스크림) [어 펄지] a **l**eves (수프) [어 래왜시] a **t**ea (차) [어 때어]	az [어즈]	az **al**malé (사과 주스) [어즈 얼멀레] az **a**nanász (파인애플) [어즈 어너나스]

3. Milyen a / az ...? (…이 / 가 어떤가요?)

I.

Milyen [미얜	a pizza? 어 삐쩌?]	(피자가 어떤가요?)

↓

(A pizza) [(어 삐쩌)	finom. 피놈.]	(피자가 맛있어요.)

II.

Finom [피놈	a pizza? 어 삐쩌?]	(피자가 맛있어요?)

↓

Igen, [이갠,	(a pizza) (어 삐쩌)	nagyon finom. 너돈 피놈.]	(네, (피자가) 아주 맛있어요)
Nem, [냄,	(a pizza) (어 삐쩌)	nem túl finom. 냄 뚤 피놈.]	(아니요, (피자가) 그렇게 맛있지 않아요.)

I. 다음 그림을 보고 대화를 완성하시오. (Mi ez? Mi az?)

tésztasaláta, citromtorta, ~~csirke~~, almalé, ananásztorta, ~~pulyka~~, saláta, kifli, marhahús,
sertéshús, croissant, narancslé

a.

Pl.:

- *Bocsánat, mi ez?*
- *Ez csirke.*
- *És mi az?*
- *Az pulyka.*

b.

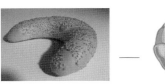

- _____?
- _____.
- _____?
- _____.

c.

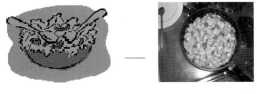

- _____?
- _____.
- _____?
- _____.

d.

- _____?
- _____.
- _____?
- _____.

e.

- _____?
- _____.
- _____?
- _____.

f.

- _____?
- _____.
- _____?
- _____.

II. 다음 그림으로부터 대화를 완성하시오.

citromtorta / ananásztorta 	almalé / tea 	Trappista / Gouda 
• *Ez citromtorta?* ○ *Nem, ez nem citromtorta, hanem ananásztorta.*	• Ez _____? ○ _____ _____ _____	• Ez _____? ○ _____ _____ _____
Hawai-pizza / Margherita 	Cézár saláta / görög saláta 	angol tea / kínai tea 
• Ez _____? ○ _____ _____ _____	• Ez _____? ○ _____ _____ _____	• Ez _____? ○ _____ _____ _____

III. 다음에 맞는 관사를 선택하시오.

_a_ csokoládé

____ almatorta

____ alma

____ torta

____ kávé

____ kávétorta

____ sajt

____ almalé

____ tea

____ gyümölcstea

____ ananász

____ ananászlé

____ kifli

____ leves

____ görög saláta

IV. 🗣🗣 다음 음식에 맞게 체크하고 이야기하시오.

Pl.: ● Milyen a fagyi? (아이스크림이 어떤가요?)
   [미앤   어 펃지?]

   ○ Szerintem a fagyi hideg, édes és finom. (제 생각에는 아이스크림은 차고, 달고 맛있어요.)
   [새린탬   어 펃지 히댁,   에대시 에시 피놈.]

a / az	hideg	meleg	sós	édes	csípős	savanyú	keserű	finom
0. _a_ fagyi?	X			X				X
1. ___ alma?								
2. ___ narancslé?								
3. ___ kávé?								
4. ___ tea?								
5. ___ ananász?								
6. ___ csirke?								
7. ___ almalé?								
8. ___ csokoládé?								
9. ___ citrom?								
10. ___ saláta?								
11. ___ gyümölcsleves?								
12. ___ tészta?								
13. ___ torta?								
14. ___ ananásztorta?								

V. 자기 생각에 따라 표현하시오. (Szerinted milyen a / az ...?)

nem túl..., kicsit..., elég..., nagyon..., túl...

0. Milyen a Trappista sajt?   *Szerintem nagyon finom.*

1. Milyen a Cézár saláta?   _____.

2. Milyen a Ferrero Rocher?   _____.

3. Milyen a japán tea?   _____.

4. Milyen a koreai tea?   _____.

6. Milyen az amerikai kávé?   _____.

6. Milyen a Hawaii-pizza?   _____.

7. Milyen a fagyi?   _____.

8. Milyen az almatorta?   _____.

9. Milyen a gyümölcsleves?   _____.

6 / 1. 잘 들어본 후, 어떤 음식에 대해 이야기하는지, 그리고 음식이 어떠한지 체크하시오.
(Mi ez az étel és milyen?)

Pl.:

- Elnézést, ez hal?
- Nem, ez csirke.
- Csípős?
- Nem. Kicsit sós, de nem csípős. Nagyon finom.

0.			
	✓		a. kicsit sós ✓
			b. csípős
			c. nem sós
			d. nagyon sós
1.			
			a. édes
			b. nem túl édes
			c. sós
			d. nagyon édes
2.			
			a. kicsit csípős
			b. kicsit sós
			c. elég sós
			d. nem sós
3.			
			a. csípős
			b. hideg
			c. sós
			d. meleg
4.			
			a. kicsit sós
			b. sós
			c. édes
			d. kicsit csípős

alma	사과	apple
almalé	사과 주스	apple juice
ananász	파인애플	pineapple
ananászlé	파인애플 주스	pineapple juice
ananásztorta	파인애플 케이크	pineapple cake
citrom	레몬	lemon
cukor	설탕	sugar
csípős / erős	맵다	spicy, hot
csirke(hús)	닭고기 (/ 닭)	chicken
csokitorta	초콜릿 케이크	chocolate cake
csokoládé / csoki	초콜릿	chocolate
drága	비싸다	expensive
édes	달다	sweet
elég	1. 꽤 2. 충분하다	enough
és	그리고	and
étel	음식	food
euró	유로	Euro(s)
ez	이것	this
fagyi / fagylalt	아이스크림	ice-cream
finom	맛있다	delicious
forint	포린트 (헝가리 화폐단위)	Forint(s)
gyümölcs	과일	fruit
gyümölcsleves	과일수프	fruit soup
hal	생선 (/ 물고기)	fish
hanem	…이 아니라, (…이다)	(not...) but ...
hideg	차갑다 / 춥다	cold
jó	좋다	good
kávé	커피	coffee
keserű	쓰다	bitter
kicsi	작다	small
kicsit	조금	a bit
kifli	소라빵	kifli
közepes	중간이다/그냥 그렇다	medium
leves	국	soup

marha(hús)	소고기 (/ 소)	beef (/ cow)
meleg	뜨겁다 / 따뜻하다 / 덥다	warm
Mi?	무엇?	What?
Milyen?	어때요?	What ... like?
nagy	크다	big
narancs	오렌지	orange
narancslé	오렌지 주스	orange juice
nem	아니다	no, not
olcsó	싸다	cheap
ott	저기	there
pizza	피자	pizza
pulyka(hús)	칠면조고기 (/ 칠면조)	turkey
saláta	샐러드	salad
savanyú	시다	sour
sertés(hús)	돼지고기	pork
só	소금	salt
sós	짜다	salty
szerinted	당신 생각에는	in your opinion
szerintem	제 생각에는	in my opinion
tea	차	tea
tészta	파스타	pasta
tojás	계란 / 알	egg
torta	케이크	cake
túl	너무	too
vaj	버터	butter

7.

Kérek egy kávét!

[께랙   앤즈   까웨트!]

(커피 한잔 주세요!)

ÉTLAP (메뉴)
[에뜰럽]

ételek [에땔랙] (음식)

- spagetti [슈뻐개띠] (스파게티)   750 .-
- pizza [삐쩌] (피자)   900 .-
- hamburger [험부르개르] (햄버거)   300 .-
- sajtburger [셔이트부르개르] (치즈버거)   410 .-
- sült krumpli [슐트끄룸플리] (프렌치 프라이)   225 .-

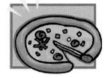

italok [이떨록] (음료)

- kávé [까웨] (커피)   270 .-
- kakaó [꺼커오] (코코아)   350 .-
- tea [때어] (차)   250 .-
- kóla [꼴러] (콜라)   125 .-
- almalé [얼멀레] (사과 주스)   205 .-
- sör [쇼르] (맥주)   360 .-
- bor [보르] (와인)   300 .-

desszert [대쌔르트] (디저트)

- csokoládétorta [초꼴라데또르떠] (초콜렛 케이크) 185 .-

7 / A. 🗣 Kérek ... (… 주세요 / 부탁합니다.)
[께랙…]

- Jó napot kívánok! Mit parancsol? (안녕하세요! 무엇을 도와드릴까요?)
  [요 너뽇 끼와녹! 밑 뻐런촐?]

○ Jó napot! Kérek egy kávét és egy csokoládétortát.
  [요 너뽇! 께랙 앤즈 까웨트 에시 앤즈 초꼴라데또르따트.]
  (안녕하세요! 커피 한잔과 초콜렛 케이크 한 조각 주세요.)

- Tessék. (여기 있습니다.)
  [때쉑.]

○ Köszönöm. Mennyibe kerül? (고맙습니다. 얼마입니까?)
  [꾀쐬늼. 맨니배 깨를?]

- A kávé 190 forint, a csokoládétorta 250 forint. 440 forint.
  [어 까웨 190 포린트, 어 초꼴라데또르떠 250 포린트. 440 포린트.]
  (커피는 190 포린트, 초콜렛 케이크는 250 포린트. 440 포린트입니다.)

○ Tessék. (여기요.)
  [때쉑.]

- Köszönöm. Viszlát! (감사합니다. 안녕히 가세요!)
  [꾀쐬늼. 위슬랕!]

○ Viszlát! (안녕히 계세요.)
  [위슬랕!]

7 / B. 🗣 Kávézó (카페)
[까웨조]

- Szia! Mit kérsz? (안녕하세요! 무엇을 드릴까요?)
  [씨어! 밑 께르스?]

○ Szia! Egy csokitortát és egy kávét kérek. (안녕하세요! 초콜렛 케이크 하나와 커피 한잔 부탁해요.)
  [씨어! 앤즈 초끼또르따트 에시 앤즈 까웨트 께랙.]

- Sajnos nincs csokitorta. (죄송하지만 초콜렛 케이크는 없는데요.)
  [서이노시 닌츠 초끼또르떠.]

○ És ananásztorta van? (파인애플 케이크는요?)
  [에시 어너나스또르떠 원?]

- Igen, van. (네, 있어요.)
  [이갠, 원.]

○ Jó, akkor egy ananásztortát kérek. (네. 그럼 파인애플 케이크 하나 부탁해요.)
[요, 어꼬르 앤즈 어너나스또르따트 께랙.]

● Tessék, az ananásztorta és a kávé. Kérsz még valamit?
[때쉑, 어즈 어너나스또르떠 에시 어 까웨. 께르스 멕 월러미트?]
(여기 파인애플 케이크하고 커피예요. 다른 거 필요하세요?)

○ Köszönöm, nem kérek. Mennyibe kerül? (아니 됐어요. 얼마예요?)
[꾀쐬님, 냄 께랙. 맨니배 깨를?]

● Egy torta és egy kávé, összesen 490 forint. (케이크하고 커피, 모두 490 포린트예요.)
[앤즈 또르떠 에시 앤즈 까웨, 외쌔샌 490 포린트.]

○ Bocsánat, mennyi? (저, 얼마라구요?)
[보차널, 맨니?]

● 490 forint. (490 포린트요.)
[490 포린트.]

○ Tessék. (여기 있어요.)
[때쉑.]

● Köszönöm! (고마워요.)
[꾀쐬님.]

7 / C. Bolt

○ Jó napot kívánok! (안녕하세요!)
[요 너뽙 끼와녹!]

● Jó napot kívánok. Mit parancsol? (안녕하세요. 무엇을 드릴까요?)
[요 너뽙 끼와녹. 밑 뻐런촐?]

○ Egy liter tejet, három zsemlét és fél kiló kenyeret kérek.
[앤즈 리때르 때얠, 하롬 쟴레트 에시 펠 낄로 깨내랱 께랙.]
(우유 1리터, 잼래빵 3개, 식빵 500 그램을 주십시오.)

● Tessék. Egy liter tej, három zsemle és fél kiló kenyér.
[때쉑. 앤즈 리때르 때이, 하롬 쟴레 에시 펠 낄로 깨네르.]
(여기, 우유 1리터, 잼래빵 3개, 식빵 반 킬로요.)

○ Bocsánat, inkább két liter tejet kérek! (죄송한데, 우유는 2리터 주시겠어요.)
[보차널, 인까쁘 켙 리때르 때얠 께랙.]

● Semmi baj. Tessék, itt van még egy liter tej. (네. 여기, 우유 1리터 더 있습니다.)
[쉠미 버이. 때쉑, 이뜨 원 멕 앤즈 리때르 때이.]

○ Köszönöm. Ja, és még kérek szépen egy üveg sört is.
[꾀쐬뇜.　　　여, 에시 멕　께랙　쎄팬　앤즈 으웩 쇼르트 이시.]
(고맙습니다. 아, 그리고 맥주 한 병도 부탁합니다.)

● Tessék. (여기 있습니다.)
[때쉑.]

○ Köszönöm. Mennyibe kerül? (고맙습니다. 얼마입니까?)
[꾀쐬뇜.　　　　맨니배　　　깨를?]

● 525 forint. (525 포린트입니다.)
[525 포린트.]

○ Tessék. (여기입니다.)
[때쉑.]

● Köszönöm, viszontlátásra! (고맙습니다. 안녕히 가세요!)
[꾀쐬뇜,　　　위손틀라타쉬러!]

○ Viszlát! (안녕히 계세요!)
[위슬랕!]

Mi ez? (이것은 뭐예요?)
[미 애즈?]

joghurt, tej, kenyér, rizs, méz, pirospaprika, szalámi, bors, olaj, paradicsom, paprika, liszt, hagyma, répa, krumpli / burgonya, banán, eper, lekvár, mustár, borsó, zsemle, sonka, sütemény / süti, keksz, zöldség, bab, főzelék

빵	잼래빵	밀가루	우유
요구르트	꿀	살라미	햄
야채	야채죽	파프리카	빨간 고추
토마토	당근	양파	감자
콩	완두콩	바나나	딸기
기름	후추	머스터드	잼
과자 / 케이크	비스킷	쌀 / 밥	

1. Mit? (무엇을?)

명사의 대격 접미사

모음이나 s, sz, zs, r, l, n, ny로 끝나는 명사	자음으로 끝나는 명사		
	mély és vegyes	magas	
			마지막 모음: ö, ő, ü, ű
-t [트]	**-ot** [옽]	**-et** [엩]	**-öt** [욑]
káv<u>é</u> → kávét (커피 → 커피를) szalám<u>i</u> → szalámit (살라미 → 살라미를) ananá<u>sz</u> → ananászt (파인애플 → 파인애플을) sö<u>r</u> → sört (맥주 → 맥주를) baná<u>n</u> → banánt (바나나 → 바나나를)	joghu<u>rt</u> → joghurtot (요구르트 → 요구르트를) sa<u>j</u>t → sajtot (치즈 → 치즈를) bo<u>rs</u> → borsot (후추 → 후추를)	tej → tejet (우유 → 우유를)	gy<u>ü</u>m<u>ö</u>lcs → gyümölcsöt (과일 → 과일을)
마지막 글자가 변함: a → á e → é	**-at** [엍] (mély, 헝가리 고어)		
salát<u>a</u> → salátát (샐러드 → 샐러드를) zseml<u>e</u> → zsemlét (잼래빵 → 잼래빵을)	vaj → vajat (버터 → 버터를) hal → halat (생선 → 생선을)		

불규칙 명사

- kenyér → kenyeret
  (빵 → 빵을)

- víz → vizet
  (물 → 물을)

- cukor → cukrot
  (설탕 → 설탕을)

- eper → epret
  (딸기 → 딸기를)

2. deka, deci (데카그램, 데시리터)

dekagramm [대꺼그럼] (데카그램)

말할 때: deka [대꺼]
쓸 때: dkg
1 dkg = 10 g (1데카그램 = 10그램)
100 dkg = 1 kg (100데카그램 = 1킬로그램)

deciliter [대칠리때르] (데시리터)

말할 때: deci [대치]
쓸 때: dl
1 dl = 100 ml (1데시리터 = 100밀리리터)
10 dl = 1 l (10데시리터 = 1리터)

일상 생활에서 사용하는 측정단위:

Kérek 10 dkg (deka) sajtot. [께랙 10 때꺼 셔이똗.]
(치즈 10데카그램 주세요.)

Kérek 50 dkg sajtot. / Kérek fél kiló sajtot.
[께랙 50 때꺼 셔이똗. / 께랙 펠 낄로 셔이똗.]
(치즈 50데카그램 주세요. / 치즈 0.5킬로 주세요.

Kérek 2 dl (deci) almalét. [께랙 2 대치 얼멀레트.]
(사과 주스 2데시리터 주세요.)

Kérek fél liter tejet. [께랙 펠 리때르 때옐.]
(우유 0.5리터 주세요.)

아래와 같은 표현은 하지 않음:

~~Kérek 100g(gramm) sajtot.~~
(치즈 100그램 주세요)

~~Kérek 500g(gramm) sajtot.~~
(치즈 500그램 주세요.)

~~Kérek 200ml(milliliter) almalét.~~
(사과 주스 200밀리리터 주세요.)

~~Kérek 500ml(milliliter) tejet.~~
(우유 500밀리리터 주세요.)

3. Egy almát, két almát,... (사과를 하나, 사과를 둘…)

Egy (하나)		
Két, három... (두 개, 세 개)	almát (사과를)	
Fél kiló (반 킬로)	krumplit (감자를)	
20 deka (20데카그램)	szalámit (살라미를)	kérek.
2 liter (2리터)	tejet (우유를)	(주세요.)
3 deci (3데시리터)	kólát (콜라를)	
Sok (많은)	sört (맥주를)	
Kevés (적은)		

4. Van? Nincs? (있어요? 없어요?)

kérdés [께르데시] (질문)	válasz [왈러스] (대답)
• Van pizza? [원 삐쩌?] (피자 있어요?) →	• (Igen,) van. [(이갠,) 원.] (네, 있어요.) • (Nem,) nincs. [(냄,) 닌츠.] (아니요, 없어요.)
• Nincs pizza? [닌츠 삐쩌?] (피자 없어요?) →	• De van. [대 원.] (아니요, 있어요.) • Nincs. [닌츠.] (없어요.)

5. Szórend (어순)

•		Kérek	egy kávét.	(커피 한잔 주세요.)
	Egy kávét	kérek.		

—		Nem kérek	kávét.	(커피는 됐습니다.)
	Nem kávét	kérek,	hanem teát.	(커피말고 차를 주세요.)

?	Mit	kérsz?	(무엇을 드릴까요?)

↓   ↓

	Egy kávét	kérek.	(커피 한잔 주세요.)

	Kérsz	kávét?	(커피 드릴까요?)

↓

Igen,	kérek.		(네, 주세요.)
Nem,	nem kérek.		(아니요, 괜찮아요.)

6. Intonáció (억양)

Mit kérsz?   Mit parancsol?

Kérsz kávét?   Van kávé?

Kávét kérsz?   Nincs kávé?

I. 빈칸에 올바른 알파벳을 선택하시오. (Melyik betű jó?)

e - é

káv__	k__ny__r	t__j
sz__ndvics	zölds__g	süt__m__ny
spag__tti	almal__	

II. 다음 단어들 중 성격이 다른 단어를 고르시오. (Melyik szó nem jó?)

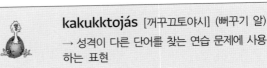

kakukktojás [꺼꾸끄토야시] (뻐꾸기 알)
→ 성격이 다른 단어를 찾는 연습 문제에 사용하는 표현

Pl.: sertés, marha, pulyka, <u>tészta</u>

1. alma, narancs, répa, banán
2. paprika, hagyma, bors, paradicsom
3. só, fagylalt, olaj, liszt
4. méz, burgonya, rizs, tészta
5. ananász, kifli, narancs, alma

6. tej, vaj, olaj, sajt
7. tej, kóla, vaj, narancslé
8. kifli, zsemle, krumpli, kenyér
9. sör, tea, tej, kávé

III. 다음의 음식 이름을 완성하시오. (Sok-sok étel...)

*citromtorta,*_____

_____

_____

_____

_____

_____

_____

_____

_____

_____

_____

citrom	
eper	
répa	
csoki	
gyümölcs	
zöldség	lé
krumpli	leves
paradicsom	főzelék
hús	fagyi
hagyma	torta
narancs	
ananász	
alma	
citrom	
banán	

IV. 다음 박스에 있는 단어들을 각각의 범주에 맞게 선택하시오.

répa	joghurt	tej (2x)	alma	vaj	tea	szalámi	sajt	bab	sertés
marha	pulyka	paradicsom	paprika	narancs	banán	bor	sör	eper	

gyümölcs (과일) [듀묄츠]	ital (음료) [이떨]	zöldség (야채) [죌드섁]	hús (고기) [후시]	tejtermék (유제품) [때이때르멕]
		répa		

V. 다음 문장들을 맞는 순서대로 써서 대화를 완성하세요. (Mi a jó sorrend?)

Kávézó

350 forint.	~~Helló!~~	Szia! Mit kérsz?
Kérek egy kávét és egy ananásztortát!		Köszönöm! Mennyibe kerül?
Köszönöm! Jó étvágyat!	Tessék.	Tessék.

- *Helló!*
  - _____
- _____
  - _____

- _____
  - _____
- _____
  - _____

VI. 다음에서 알맞은 답을 선택하시오. (Melyik a jó?)

1. Mit kérsz?

  a. Alma.

  b. Almát.

2. Mit parancsol?

  a. Egy palacsinta kérek.

  b. Egy palacsintát kérek.

3. Parancsol még valamit?

  a. Igen. Mennyibe kerül a vaj?

  b. Igen. Mennyibe kerül a vajat?

4. Mit kér?

  a. Egy melegszendvics kérek szépen.

  b. Egy melegszendvicset kérek szépen.

5. Mennyibe kerül a spagetti?

  a. 430 forint.

  b. 430 forintot.

6. Egy hamburgert és egy kólát kérek szépen.

  a. Tessék, itt van a hamburgert és a kólát.

  b. Tessék, itt van a hamburger és a kóla.

7. Két zsemlét és egy liter tejet kérek.

  a. Tessék. Parancsol még valamit?

  b. Tessék. Parancsol még valami?

8. Szia! Mit kérsz?

  a. Szia. Pillanat, még nem tudom. Ez marhahúst vagy sertéshúst?

  b. Szia. Pillanat, még nem tudom. Ez marhahús vagy sertéshús?

VII. 다음 그림에서 단어 뒤에 알맞은 접미사를 선택하시오.

a. Kérek szépen egy / két / három (kiló, liter) ...

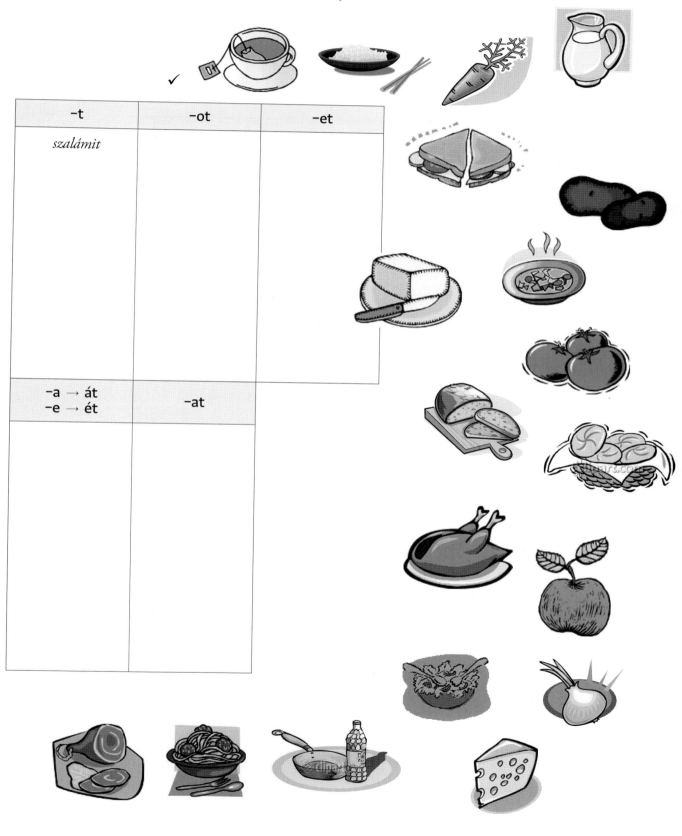

-t	-ot	-et
szalámit		

-a → át -e → ét	-at

b. 위 단어들을 사용해서 문장을 완성하시오.

Kérek

- ___ deka _____
- 1 liter_____
- ___ kiló _____
- 1 _____
- 4 _____
- fél kiló _____

VIII. 다음 대화들을 완성하시오. (**Mit kérsz?**)

Pl.: kenyér / zsemle

- ○ Kenyeret vagy zsemlét kérsz?
- ● Kenyeret kérek szépen!

a. méz / lekvár

_____? _____ !

b. hamburger / sajtburger

_____? _____ !

c. szendvics / pizza

_____? _____ !

d. narancs / banán

_____? _____ !

e. kávé / tea

_____? _____ !

IX. 다음 단어들을 맞는 어순으로 정리하여 문장을 완성하시오. (Szórend)

a. | • |

0. hamburgert - kérek - egy   *Egy hamburgert kérek. / Kérek egy hamburgert.*

1. kávét - két - kérek   _____

2. kiló - kérek - krumplit - egy   _____

3. kérek - deci - 3 - vizet   _____

4. is - kólát - 2 - kérek   _____

b. | — |

5. kávét - nem - kérek -, hanem - teát

_____

6. közepes krumplit - kérek - nem -, hanem - kis krumplit

_____

7. kávét - nem - kérek

_____

8. nem - kérek - sok - ketchupot

_____

c. | ? |

kérsz - mit   _____

kérsz - kávét - vagy - teát   _____

kérsz - sok cukrot   _____

kérsz - kávét   _____

is - kérsz - ketchupot   _____

I. 빈칸에 올바른 알파벳을 선택하시오.

1. k__v__
2. ____ endvi____
3. k__la
4. narancsl__
5. sült krum__li
6. ____okitorta

7. __oghurt
8. t__j
9. va__
10. sa__t
11. keny__r
12. ____alámi

II. 빈칸에 올바른 알파벳을 선택하시오.

Pl.: bo_   <u>R</u>   sö_

tojá_   __   _aláta
k_nyér   __   zs_mle
bo_s   __   lekvá_

_észta   __   _ej
csokolád_ __   m_z
_ó   __   _ajt

III. 다음 단어에 알맞은 관사를 선택하시오. (a / az)

1. Elnézést, mennyibe kerül az alma?
2. Bocsánat, mennyibe kerül ____ saláta?
3. Bocsánat, mennyibe kerül ____ méz?
4. Tessék ____ víz.
5. Mennyibe kerül ____ almalé?
6. Bocsánat, mennyibe kerül ____ hal?
7. Bocsánat, mennyibe kerül ____ bor?
8. Elnézést, mennyibe kerül ____ eper?
9. Elnézést, mennyibe kerül ____ olaj?
10. Tessék ____ zsemle.
11. Mennyibe kerül ____ kóla?
12. Mennyibe kerül ____ ananászlé?

IV. 다음의 문장들을 맞는 순서대로 써서 대화를 완성하시오.

Étterem

> Egy gyümölcslevest kérek, és egy spagettit.
>
>   Mit parancsol?
>
> Sajnos nincs már spagetti.
>
>   Értem. Akkor egy hamburgert kérek szépen.

○ _____

● _____

○ _____

● _____

V. 다음 빈칸에 올바른 알파벳을 선택하시오.

Mit kérsz?

Pl.: keny_e_ r _e_ _t_

1. Kérek egy kiló lisz__ __ __.

2. Kérek egy üveg méz__ __ .

3. Egy ____okitort__ __ kérek.

4. 20 deka szalám__ __ kérek.

5. Négy __ oghurt__ __ kérek.

6. Két k__v__ __ kérek.

7. Egy viz__ __ kérek.

8. Három rép__ __ kérek szépen.

9. Egy narancslé__ kérek szépen.

10. Nem kérek sok tej__ __.

11. Egy kiló hagym__ __ kérek.

12. Két sült krumpl__ __ kérek.

13. Egy saj__ __ __ kérek szépen!

14. Tíz zseml__ __ kérek.

15. Kérek szépen egy süti__.

VI. 다음 빈칸에 적합한 알파벳을 선택하시오.

a. gyorsétterem

b. kávézó

- Szia!
- ○ Szia! Mi__ kérsz?
- Kérek szépen két kólá__!
- ○ Tessék!
- Mennyibe kerül?
- ○ 420 forint.
- Tessék.
- ○ Köszönöm! Jó étvágy__ __!
- Köszönöm! Viszlát!

- Jó napot kívánok!
- ○ Jó napot kívánok! Mi__ parancsol?
- Kérek egy csokitorta__ és egy narancslé__.
- ○ Tessék. Még valami__?
- Köszönöm, nem kérek. Mennyibe kerül?
- ○ 390 forint.

VII. 다음 대화를 완성하시오.

1. | MÉG | NEM |

- Kérsz _____egy sört?
- ○ _____, köszönöm.

2. | TESSÉK | CSAK |

- Mit kérsz?
- ○ _____ egy szendvicset.
- _____.
- ○ Köszönöm.

3. | SEMMI | POHÁR |

- Kérsz egy _____almát?
- ○ Mit? Almát?
- Ja, nem, almalét... bocsánat, nem vagyok magyar.
- ○ _____baj! ☺

4. | KÉREK | MÉG |

- ○ _____ szépen _____ két szendvicset!

7 / 1. 잘 들어본 후, 정확한 가격을 선택하시오. (Mennyibe kerül?)

Pl.: : „A kóla 350 forint."

0.
   a. 530 forint
   b. 350 forint ✓
   c. 35 forint

1.
   a. 260 forint
   b. 280 forint
   c. 250 forint

3.
   a. 315 forint
   b. 395 forint
   c. 385 forint

2.
   a. 240 forint
   b 740 forint
   c. 640 forint

4.
   a. 330 forint
   b. 230 forint
   c. 320 forint

7 / 2. 잘 들어본 후, 정확한 가격을 기입하시오. (Mi mennyibe kerül?)

Pl.: „A kakaó 150 forint."

150 Ft	Ft	Ft	Ft	Ft	Ft	Ft
Ft	Ft	Ft	Ft	Ft	Ft	Ft

7 / 3. 식당에서 어떻게 대화하는지, 잘 듣고 맞는 답을 선택하시오.

(Mit válaszolsz az étteremben / kávézóban?)

Pl.: 🗣 : „Jó napot kívánok!"

0.

   a. Jó étvágyat!

   b. Köszönöm!

   c. <u>Jó napot kívánok!</u>

1.

   a. Egy kávét kérek.

   b. Nem, köszönöm!

   c. Jó napot kívánok!

2.

   a. Igen, kérek.

   b. Köszönöm!

   c. Jó éjszakát!

3.

   a. Jó, akkor Coca-Colát kérek.

   b. Jó, akkor Pepsit kérek.

   c. És Pepsi van?

4.

   a. Igen, teát.

   b. Kávét kérsz.

   c. Nem, teát.

5.

   a. Csokitorta.

   b. Igen, citromtortát!

   c. Igen.

6.

   a. Bocsánat, mennyi?

   b. Elnézést.

   c. Nem kérek.

7 / 4. 잘 들어본 후, 답하시오.

Gyorsétteremben (패스트푸드점에서.)

1. Mit kér Hans, és mennyibe kerül?

_____, _____ Ft

7 / 5. 잘 들어본 후, 맞는 답을 선택하시오.

John a boltban (시장 보는 존 씨.)

1. Mit kér?
   a. marhahúst
   b. sertéshúst
   c. paradicsomsalátát

2. Hány kiló húst kér?
   a. egy
   b. négy
   c. fél

3. Mennyibe kerül a tésztasaláta?
   a. 1250 Forint
   b. 1800 Forint
   c. 1500 Forint

4. Mennyibe kerül a paradicsomsaláta?
   a. 1600 forint
   b. 250 forint
   c. 1250 forint

5. Hány deka salátát kér?
   a. 15
   b. 25
   c. 35

akkor	그럼	then
bab	콩	bean
baj (-t)	문제(를)	problem
banán (-t)	바나나(를)	banana
bolt	가게	shop
bor (-t)	와인(을)	wine
borravaló	팁	tip
bors	후추	pepper
borsó	완두콩	peas
burgonya	감자	potato
csak	1. 오직 / -만 2. 그냥	1. only 2. just
deci	데시리터	deciliter
deka	데카그램	dekagram
desszert	디저트	dessert
eper (epret)	딸기(를)	strawberry
étlap	메뉴	menu
étterem, éttermet	식당 (을)	restaurant
főzelék	죽	pottage
gyorsétterem (gyorséttermet)	패스트푸드점(을)	fast food restaurant
hagyma	양파	onion
hagymaleves (-t)	양파 수프(를)	onion soup
hamburger (-t)	햄버거(를)	hamburger
Hol?	어디?	where
hús (-t)	고기	meat
inkább	좀, ~라기 보다는, 오히려	rather
ital (-t)	음료(를)	drink
itt	여기	here
Jó étvágyat!	잘 먹겠습니다 / 맛있게 드세요!	Bon appetit!
joghurt	요구르트	yoghurt
kakaó	코코아	cocoa
kávézó	카페	cafeteria
keksz	비스킷	biscuits
kenyér (kenyeret)	빵(을)	bread
kér	(… 주세요.)	to ask for sg
kérdés (-t)	질문(을)	question

kerül	비용이 들다	to cost
kevés	적다	a few / a little bit
kóla	콜라	coke
krumpli	감자	potato
lekvár (-t)	잼(을)	marmelade
még	1. 아직 2. ..에다가 / 그 밖에	1. yet 2. more / plus / else
melegszendvics	따뜻한 샌드위치	hot sandwich
Melyik?	어느	Which one?
menü	메뉴	menu
Mennyibe kerül?	얼마예요?	How much is it?
méz	꿀	honey
Mi?	무엇	What?
Mit parancsol?	무엇을 드릴까요?	What would you like?
Mit?	무엇을	What?
olaj (-at)	기름(을)	oil
összesen	모두	all together
palacsinta	팬케이크	pancake
paprika	파프리카	paprika
paradicsom	토마토	tomato
pirospaprika	빨간 고추	red paprika
répa	당근	carrot
rizs (-t)	쌀 / 밥 (을)	rice
sajtburger (-t)	치즈버거(를)	cheeseburger
sonka	햄	ham
spagetti	스파게티	spaghetti
sült	튀긴	fried, baked
sütemény (-t), / süti	과자 / 케이크 (를)	cookies / cake
szalámi	살라미	salami
szórend	어순	word order
tejtermék	유제품	milk products
Tessék!	여기있습니다.	Here you are!
üveg	병	glass
valami	어떤 것	something
válasz (-t)	대답(을)	answer
víz, vizet	물(을)	water
zöldség	야채	vegetable
zsemle	잼래빵 (헝가리 전통 빵)	bread roll

1-7. Összefoglalás

(요약, 1-7과)

I. 다음의 단어들을 각각의 범주에 맞게 나열하시오.

~~Oroszország~~, három, kávé, török, harminc, tészta, gyümölcsleves, Magyarország, angol, eperlekvár, száztizenkettő, sör, Kína, kínai, nyolcvanegy, víz, csokitorta, Ausztria, amerikai, német, USA, ezer, tea, tej, sült krumpli

étel	ital	szám	ország	nemzetiség
			Oroszország	

V. -i, -t, Ø 중에 적합한 접미사를 선택하시오.

1. Szia! New York-*i* vagyok.

2. Mi____ parancsol?

3. Te london_____ vagy?

4. Sajnos nincs gyümölcsleves___.

5. Kérek egy sör___.

6. Egy kávé___ és egy csokitorta___ kérek szépen.

7. Mi___ kérsz?

8. Kérsz almalé___?

9. Luigi firenze___.

10. Van tej___?

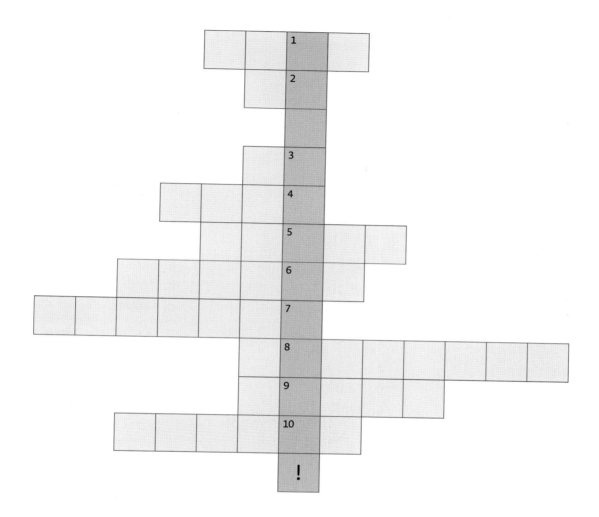

1. Például:Trappista, Edami, Gouda, Camembert.

2. Étteremben: _____, bors, pirospaprika

3. Ital, például: narancs___, alma___, ananász___.

4. Étel, például: _____ krumpli, _____ csirke, _____ pulyka, stb.

5. Paradicsom_____, zöldség_____, hús_____, stb.

6. Dzsem. Például: eper_____ narancs_____.

7. Például: borsó, paprika, hagyma, répa, krumpli.

8. Például: ananász, banán, eper, narancs, citrom.

9. Hideg desszert, például: csokoládé_____, eper_____.

10. Finom étel, például a spagetti vagy a _____saláta.

IV. 올바른 답을 선택하시오. (Mi a jó válasz?)

1. - Szia! Te ki vagy? a. – Susan vagyok. b. – Susan vagy. c. – Susan van.	2. - Ő ki? a. – Susan van. b. – Susan. c. – Susan vagyok.	3. - Hol élsz? a. – Berlin. b. – Berlint. c. – Berlinben.

4. - Viszontlátásra!
 	
a. – Köszönöm.
b. – Szívesen.
c. – Viszlát.
	5. - _____ van?
	   - Jól.
	
	a. Mi
	b. Hogy
	c. Mit
		6. - _____?
		   - Fél 6.
		
		a. Hány idő van?
		b. Hány óra van?
		c. Mennyi az óra?

7. - Mi ez? a. – Banán. b. – Banánt. c. – Banántot.	8. 10.30 = a. fél 11 b. fél 10 c. fél 9	9. Ő _____. a. berlini. b. Törökország c. Szöult
10. Te angol _____? a. van b. vagy c. vagyok	11. Éjfél van. a. 23.30 b. 12.00 c. 24.00	12. Én _____ban élek. a. München b. Budapest c. Szöul

13. Kérek egy _____.
 	
a. alma
b. almát
c. almat
	14. - Mit ...?
	   - Egy kávét.
	
	a. parancsol
	b. kérek
	c. ül
		15. - _____ a torta?
		   - Finom.
		
		a. Mi
		b. Mit
		c. Milyen

16. nem meleg = a. csípős b. hideg c. nagy	17. A fagyi hideg ___. a. van b. – c. vagy	18. Kérek 10 ___sajtot! a. deka b. deci c. liter

19. - Van csoki?
   - Sajnos__.
 	
a. –
b. nincs
c. van
	20. Mennyibe kerül ___ víz?
	
	a. –
	b. a
	c. az
		21. - Van _____?
		   - Igen, van.
		
		a. tea
		b. teát
		c. tejet

22. Csirke nincs, _____ pulyka van. a. és b. vagy c. de	23. - Jó étvágyat! a. – Köszönöm. b. – Nem tudom. c. – Én is.	24. - Tessék! a. – Köszönöm. b. – Szívesen. c. – Nem értem.

8. Hol?

(어디에?)

8 / A. A kíváncsi bari  és a kosár (궁금한 양과 바구니)

A bari a kosár **mellett** van.

(양이 바구니 옆에 있어요.)

A bari a kosár **mögött** van.

(양이 바구니 뒤에 있어요.)

A bari a kosár **előtt** van.

(양이 바구니 앞에 있어요.)

A bari a kosár **felett** van.
fölött

(양이 바구니 위에 있어요.)

A bari a kosár**on** van.

(양이 바구니 위에 있어요.)

A bari a kosár **alatt** van.

(양이 바구니 아래에 / 밑에 있어요.)

A bari a két kosár **között** van.

(양이 두 개의 바구니 사이에 / 가운데에 있어요.)

A bari a kígyó**ban** van. ☹

(양이 뱀 안에 있어요.)

107

Otthon
(집에)

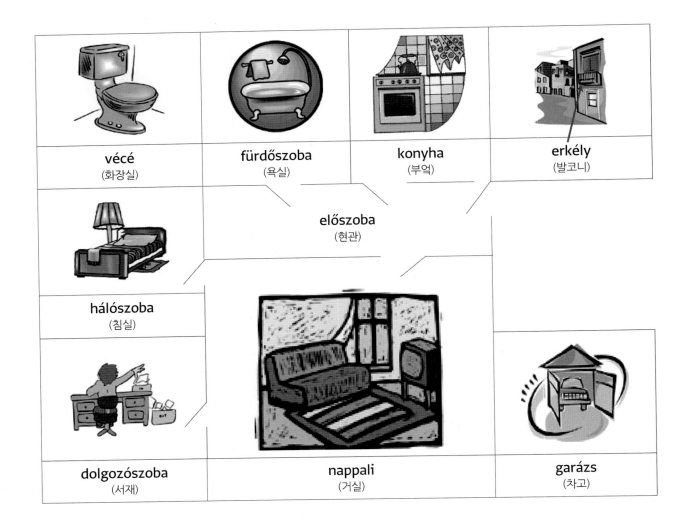

vécé (화장실)	**fürdőszoba** (욕실)	**konyha** (부엌)	**erkély** (발코니)

előszoba
(현관)

hálószoba
(침실)

dolgozószoba (서재)	**nappali** (거실)	**garázs** (차고)

- Szia!
  (안녕!)

○ Szia!
  (안녕!)

- Tessék! Itt van egy kis fagyi és egy bor.
  (여기 약간의 아이스크림과 와인이 있어요.)

○ Ó, köszönöm szépen!
  (오, 고마워요!)

○ Gyere be! Itt van a konyha.
  (들어오세요! 여기 부엌이에요.)

● Nagyon szép!
  (아주 예뻐요!)

○ Köszönöm! ☺
  (고마워요!)

Ez a nappali, itt van a fürdőszoba, a fürdőszoba mellett van a vécé.
(이게 거실이고, 여기에 욕실이 있으며, 욕실 옆에 화장실이 있어요.)

Ott van az erkély, és itt van még két szoba: a hálószoba és a dolgozószoba.
(발코니가 저기에 있고, 여기 침실과 서재 방이 두 개 더 있어요.)

És ez itt a svédasztal.
(여기 뷔페예요.)

Süti van még a konyhában, sör van a hűtőben és az erkélyen is, ásványvíz pedig az asztal alatt. ☺
(과자는 부엌에, 맥주는 냉장고와 발코니에 있고, 탄산수는 테이블 아래에 있어요.)

Kérsz valamit?
(뭐 드릴까요?)

Mi van a lakásban?
(집에 무엇이 있나요?)

ajtó (문)	**ablak** (창문)	**asztal** (테이블)	**íróasztal** (책상)	**szék** (의자)
ágy (침대)	**szekrény** (옷장)	**könyvespolc** (책장 / 책꽂이)	**fotel** (안락의자)	**kanapé** (소파)
szőnyeg (카펫)	**lámpa** (램프)	**tévé** (텔레비전)	**számítógép** (컴퓨터)	**kép** (그림)
virág (꽃)	**tányér** (그릇)	**kanál** (숟가락)	**villa** (포크)	**kés** (나이프)
pohár (유리잔)	**hűtő** (냉장고)	**mikró** (전자 레인지)	**kávéfőző** (커피 메이커)	**mosógép** (세탁기)
esernyő (우산)	**mobil(telefon)** (휴대폰)	**könyv** (책)	**toll** (펜)	**ceruza** (연필)

1. Hol? (어디에?)

	mellett (옆에)		között (사이에 / 가운데에)		alatt (아래에 / 밑에)
	előtt (앞에)		mögött (뒤에)		felett / fölött (위에)
	-n -on -en -ön (위에 / 에)		-ban / -ben (안에)		

2. ▭ -n, -on, -en, -ön (위에 / -에)

모음으로 끝나는 명사	자음으로 끝나는 명사			
	mély és vegyes	magas		
			마지막 모음: ö, ő, ü, ű	
-n	-on	-en	-ön	
a vécén (화장실에)	az asztalon (테이블 위에)	a képen (그림에)	a könyvön (책 위에)
마지막 글자가 변함: a → á e → é	az ágyon (침대 위에) a tányéron (그릇 위에)	a szőnyegen (카펫 위에)	
a lámpán (램프 위에)	a mobilon (휴대폰 위에)		

3.  -ban / -ben (안에 / -에)

-ban (mély és vegyes)	-ben (magas)
a mikró**ban** (전자 레인지 안에) a garázs**ban** (차고 안에) a pohár**ban** (유리잔 안에) a tányér**ban** (그릇 안에) a nappali**ban** (거실 안에)	a kert**ben** (정원에) a tévé**ben** (텔레비전에) a hűtő**ben** (냉장고 안에)
마지막 글자가 변함: a → á	마지막 글자가 변함: e → é
a konyha → a konyh**á**ban (부엌 안에) a hálószoba → a hálószob**á**ban (침실 안에)	a zsemle → a zseml**é**ben (잼래빵 안에)

4. Szórend (어순)

a. Hol van a bari? (양이 어디에 있어요?)

1.	2.		3.
A bari (양이)	a kosár (바구니)	felett (위에) -on (위에) mellett (옆에) előtt (앞에) …	van. (있어요.)

b. Asztal, virág, szék. (테이블, 꽃, 의자)

Hol van a szék? (의자가 어디에 있어요?)
(A szék) az asztal mellett (van). ((의자가) 테이블 옆에 (있어요).)
(A szék) az asztal és a virág között (van).

((의자가) 테이블과 꽃 사이에 (있어요).)

Mi van a képen? (그림에 무엇이 있어요?)
A képen van egy asztal és egy virág. (그림에 테이블과 꽃이 있어요.)
Az asztal és a virág között van egy szék.

(테이블과 꽃 사이에 의자가 있어요.)

I. 다음 단어들 중 성격이 다른 것을 고르시오. (Kakukktojás)

kakukktojás (뻐꾸기 알)
→ 성격이 다른 단어를 찾는
연습 문제에 사용하는 표현

a. konyha, fürdőszoba, esernyő, nappali

b. virág, kanál, villa, kés

c. fotel, kanapé, ágy, tévé

d. szőnyeg, mosógép, hűtő, kávéfőző

e. pohár, ajtó, tányér, kés

II. 단어들을 완성하시오.

1. számítógép

2. mosó_____

3. _____főző

4. író_____

5. fürdő_____

6. háló_____

7. dolgozó_____

8. könyves_____

III. 다음 질문에 답하시오. (Mi hol van?)

- Hol van a BMW?
- A garázs_*ban*_ .

- Hol van a garázs?
- A kert_____ .

- Hol van még ásványvíz?
- A konyhá_____ vagy a nappali_____ .

- Hol van a tévé?
- A nappali_____ és a hálószoba_____ .

- Hol van a mosógép?
- A fürdőszoba_____ .

- Hol van a joghurt?
- A hűtő_____ .

- Hol van a leves?
- A mikró_____ .

IV. 맞는 것을 고르시오. (Hol van?)

1. A számítógép ... van.

   a. az asztalon
   b. az asztalban

2. A torta ... van.

   a. a tányéron
   b. a tányérban

3. A húsleves ... van.

   a. a tányéron
   b. a tányérban

4. A mikró ... van.

   a. a hűtőn
   b. a hűtőben

5. A tea ... van.

   a. a pohárban
   b. a poháron

6. A virág ... van.

   a. az ablakon
   b. az ablakban

V. 다음 질문에 답하시오. (Hol van?)

1.	Hol van a ceruza? (asztal) Az _____.	4.	Hol van a lámpa? (szekrény) A _____.
2.	Hol van a kanapé? (szőnyeg) A _____.	5.	Hol ül Joe? (szék) A _____.
3.	Hol van a bari? (kosár) A _____.	6.	Hol van a könyv? (polc) A _____.

VI. 다음 대화를 읽고 빈 네모상자 안에 물건의 이름을 쓰시오.

a. 세 개의 질문이니 하나의 네모상자는 비어 있어야 됩니다.

Pl.:

- Hol van a sör?
- ○ A hűtő **mellett.**

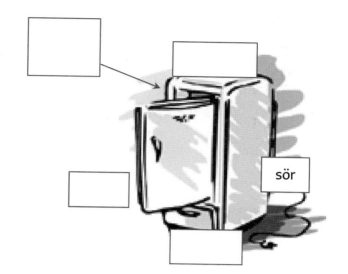

- És a kóla?
- ○ A hűtőben.
- És egy kanál?
- ○ A hűtőn.
- És a bor?
- ○ A hűtő **mellett.**

b. 세 개의 질문이지만 두 개의 네모상자는 비어 있어야 됩니다.

- Hol van egy pohár?
- ○ Az **asztal**on.
- És a magyarkönyv?
- ○ Az **asztal** alatt.
- Hol van egy esernyő?
- ○ Az **asztal** mögött.

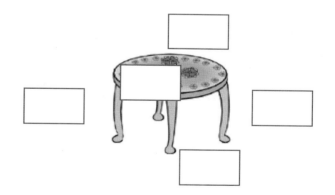

VII. 다음의 글을 읽고 내용에 맞는 방을 그려 보시오.

- A kanapé mellett van egy lámpa.
- A lámpa mellett van egy könyvespolc.
- Az ablak a kanapé mögött van.
- Az ablak felett van egy kép. A képen egy virág van.
- A kanapé előtt van egy asztal. Az asztalon van egy könyv és egy pohár bor.
- Az asztal mellett van négy szék.
- A kanapé mellett van egy íróasztal.
- Az íróasztalon van egy számítógép.
- Az íróasztal előtt van egy szék.

VIII. A szobában (방에)

a. 다음 그림과 문장을 보고 답하시오.

Pl.: A fotel mögött és a kanapé mellett van.   _könyvespolc_

1. A könyvespolc előtt van, és nem fotel.   _____
2. A fotel és az asztal alatt van.   _____
3. A kanapé és a fotel előtt van.   _____
4. Az asztal mögött és a fotel mellett van.   _____
5. Az asztal mögött és a kanapé mellett van.   _____

b. 그림을 잘 보고 문장을 완성하시오.

1. A _____ felett

   2 kép van.

2. A _____ mellett

   a fotel van.

3. A _____ mögött

   a kanapé van.

4. A _____ és

   a _____ között

   a kanapé van.

c. 그림을 잘 보고 다음 글이 맞는지 틀린지 쓰시오. igaz (맞다) / hamis (틀리다)

1. Az ajtó a fotel mellett van.   _____
2. Az asztal mögött van egy kanapé.   _____
3. Az asztalon van egy virág.   _____
4. A könyvespolc a kanapé mellett van.   _____
5. A kanapé a szőnyeg alatt van.   _____
6. A fotel a kanapé és az ajtó között van.   _____
7. A kép a kanapé fölött van.   _____

IX. 다음 그림을 보고 대화를 완성하시오.
   (–ban / –ben, –n / –on / –en / –ön, mellett, előtt, mögött)

- • Hol van egy villa?
- ○ Ott van egy a tányér _elött_ .

- • És a kanál?
- ○ A kanál is ott van a tányér_____.

- • És a spagetti?
- ○ Már a tányér_____!

- • És a bor?
- ○ Ott van már a tányér_____! Jó étvágyat!

X. 다음 그림을 보고 어디에 무엇이 있는지 쓰시오.

_____

_____

_____

_____

_____

XI. ✎ 여러분의 집에 무엇이 어디에 있는지 쓰시오.

- • a konyhában
- • a nappaliban
- • a hálószobában

Pl.: Otthon 3 szoba van. A nappaliban van egy asztal. Az asztalon van egy virág.

_____

_____

_____

_____

I. 다음 빈 칸을 채워서 문장을 완성하시오.

1. ✓   2.   3.   4.   5.   6.

1. Bocsánat, kérek szépen *egy poharat* .

2. Bocsánat, kérek szépen egy _____ .

3. Bocsánat, kérek egy _____ .

4. Bocsánat, kérek szépen egy _____ .

5. Bocsánat, kérek egy _____ .

6. Bocsánat, kérek szépen egy _____ .

II. 빈칸에 올바른 알파벳을 선택하시오.(Melyik betű jó?)

e – é	s – sz	c – k
v__c__	ké__	vé__é
__rk__ly	__oba	__ávéfőző
k__rt	__ék	mi__ró
kanap__	__ekrény	könyvespol__
sz__k	__őnyeg	
k__p	a__tal	
t__v__		
tány__r	**ö – ő**	**i – é**
k__s	hűt__	nappal__
	kávéfőz__	v__lla
o – ó		mob__l
t__ll		m__kró
d__lg__z__sz__ba		
ajt__		

III. 아래 물건들이 어디에 있는지 고르시오. (Mi hol van?)

Pl.:

   0. BMW, Audi:

   <u>a garázsban</u>, a nappaliban, a konyhában

   1. sajt, vaj, tej:

   a hűtőben   a fotelben   a mosógépben

   2. bor, sör, almalé:

   a pohárban   a tányérban   a mikróban

   3. pulyka, sertés, marha:

   a pohárban   az ágyban   a hűtőben

   4. zöldség, gyümölcs, sütemény:

   a pohárban   az ágyban   a hűtőben

IV. 다음의 그림을 보고 맞는지 틀린지 답하시오. igaz (맞다) / hamis (틀리다)

   a.

   A kanapé az ablak mellett van. _____
   Az ablak a kanapé mellett van. _____
   Az ablak mellett van egy kanapé. _____

   b.

   A kanapé alatt van egy szőnyeg. _____
   A szőnyeg alatt van egy kanapé. _____
   A szőnyeg a kanapé alatt van. _____

8 / 1. 잘 들어본 후, 내용에 맞는 방을 그려 보시오.(Rajzold le a szobát!)

Pl.: : „A szobában van egy kanapé.”

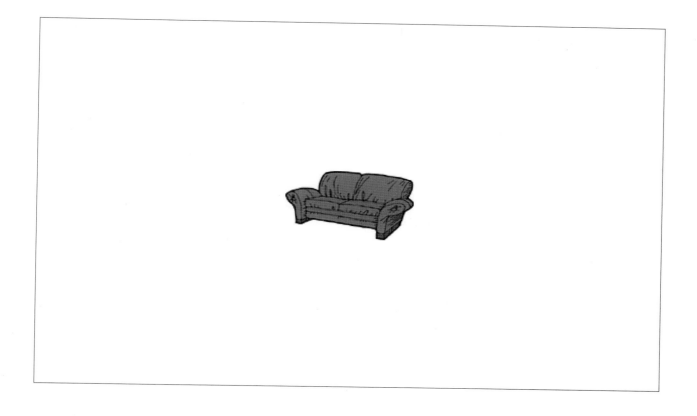

8 / 2. 잘 들어본 후, 아래 물건이 얼마인지 쓰시오. (Mennyibe kerül?)

Pl.: : A pohár csak 400 forint!

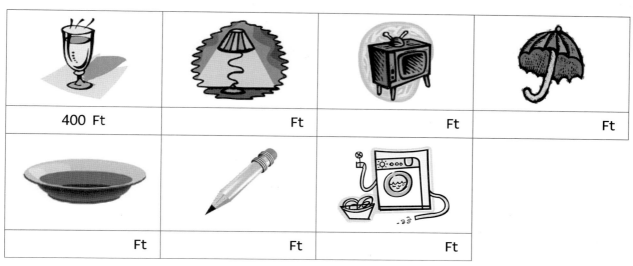

400 Ft	Ft	Ft	Ft
Ft	Ft	Ft	

ásványvíz	탄산수	mineral water
ablak	창문	window
ágy (-at)	침대(를)	bed
ajtó	문	door
alatt	아래에 / 밑에	under
asztal (-t)	테이블(을)	table
bárány / bari	양	lamb
ceruza	연필	pencil
előszoba	현관	entrance hall
előtt	앞에	in front of
erkély (-t)	발코니(를)	balcony
esernyő	우산	umbrella
felett / fölött	위에	above
fotel (-t)	안락의자(를)	armchair
fürdőszoba	욕실	bathroom
garázs (-t)	차고(를)	garage
Gyere be!	들어오세요!	Come in!
hálószoba	침실	bedroom
hamis	틀리다	false
hely	장소	place
húsleves (-t)	고기스프(를)	meat soup
hűtő	냉장고	fridge
igaz	맞다	true
íróasztal (-t)	책상(을)	desk
kanál (kanalat)	숟가락(을)	spoon
kanapé	소파	sofa
kávéfőző	커피 메이커	coffee-maker
kép	그림	picture
kert	정원	garden
kés (-t)	나이프(를)	knife
kígyó	뱀	snake
kis	조금의 / 작은	little
kíváncsi	궁금한	curious
konyha	부엌	kitchen

kosár (kosarat)	바구니(를)	basket
könyv (könyvet)	책(을)	book
könyvespolc	책장 / 책꽂이	bookshelf
között	사이에 / 가운데에	between
lakás (-t)	아파트(를)	flat / apartment
lámpa	램프	lamp
mellett	옆에	next to
mikró	전자 레인지	microwave
mobil (-t)	휴대폰(을)	mobile phone
mosógép	세탁기	washing machine
mögött	뒤에	behind
nappali	거실	living room
otthon	집에	at home
pedig	그런 반면 / 하지만	but
pohár (poharat)	유리잔(을)	glass
polc	선반	shelf
svédasztal (-t)	뷔페(를)	buffet table
számítógép	컴퓨터	computer
szék	의자	chair
szekrény (-t)	옷장(을)	wardrobe
szoba	방	room
szőnyeg	카펫	carpet
tányér (-t)	그릇(을)	plate
telefon (-t)	전화기(를) / 휴대폰(을)	telephone
tévé	텔레비전	television
toll (-at)	펜(을)	pen
üres	비어 있다 / 빈	empty
vécé	화장실	toilet
vendégségben	모임에 / 홈 파티에	at a home party
villa	포크	fork
virág	꽃	flower

9.

A házibuliban

(홈 파티에서)

9 / A. 위에 있는 그림으로부터 다음 대화에 **A~J**를 고르시오.
(Ki mit csinál a házibuliban?)

1.- A

○ Hol van még ásványvíz?

● A konyhában, az asztal alatt.

○ Ott nincs.

● Akkor az ajtó mögött.

2.- ____

○ Ki **áll** ott az ablak mellett?

● Hol? Zsuzsi mellett?

○ Igen.

● Nem tudom.

124

3. - _____

○ Kit **keresel**?

● Brigit és Francist.

○ Ott **ülnek** a számítógép előtt és filmet **néznek** ...

4. - _____

○ Bocsánat, **adsz** egy kanalat?

● Ott van egy az asztalon!

○ Ja, tényleg!

5. - _____

● Szia! Én Patrik vagyok.

○ Szia, Kati vagyok. Te nem vagy magyar, ugye?

● Nem, angol vagyok.

○ Itt tanulsz Magyarországon?

● Igen, itt tanulok Budapesten. **Táncolunk**? ☺

○ Jó!

6. - _____

● Mit **kérsz**?

○ Egy nagy melegszendvicset. Nagyon éhes vagyok!

● Hozok egy tányért, jó?

○ Köszönöm!

7. - _____

● Mit **csináltok**?

○ Salátát.

● Salátát? Szerintem még van saláta a hűtőben.

○ Igen, de mi most Cézár-salátát **csinálunk**.

8. - _____

● **Főzöl** egy kávét?

○ Igen, azonnal.

9. - _____

● Van még pizza?

○ Nincs. Peti most **rendel** egy nagy Hawaii-pizzát.

● Tényleg? Nem **rendelünk** mi is egy pizzát?

○ Oké!

10. - _____

● Sziasztok! Mi **indulunk**.

○ Miért nem **maradtok**?

● Mert **indul** a busz.

○ Tényleg? Hány óra van?

● Negyed 12.

앞 페이지 대화로부터 아래 문장들이 맞는지 틀린지 답하시오.

igaz (맞다) / **hamis** (틀리다)

1. Ásványvíz van még a konyhában, az asztal alatt. ————

2. Zsuzsi a számítógép előtt ül. ————

3. Francis az ablak mellett áll. ————

4. Az asztalon van kanál. ————

5. Kati és Patrik táncolnak. ————

6. Patrik nem magyar. ————

7. Tizenegy óra van. ————

Mit csinál?
(무엇을 하고 있나요?)

ül (앉아 있다)	**áll** (서 있다)	**táncol** (춤을 추다)	**tanul (valamit)** (…를 공부하다 / 배우다)
főz (valamit) (…를 요리하다)	**ad (valamit)** (…를 주다)	**indul** (출발하다)	**marad** (머물다)
keres (valamit) (…를 찾고 있다)	**talál (valamit)** (…를 찾다)	**rendel (valamit)** (…를 시키다 / 주문하다)	**vásárol / vesz (valamit)** (…를 사다)
olvas (valamit) (…를 읽다)	**tévét / filmet néz** (텔레비전을 / 영화를 보다)	**hoz (valamit)** (…를 가지고 오다)	**visz (valamit)** (…를 가지고 가다)

1. Mit csinálsz? (뭐 하세요?)

기본 동사의 현재 활용형 (단수형, 복수형)

	인칭대명사	mély és vegyes	magas		접미사:
				마지막 모음: ö, ő, ü, ű	
1인칭	(én) (저는 / 나는)	tanulok	rendelek	ülök	-ok, -ek, -ök
2인칭	(te) (당신은, informal)	tanulsz	rendelsz	ülsz	-sz
	(ön) (당신은, formal)	tanul	rendel	ül	ø
3인칭	(ő) (이 / 그 사람은)				
1인칭	(mi) (우리는 / 저희는)	tanulunk	rendelünk	ülünk	-unk, -ünk
2인칭	(ti) (당신들은, informal)	tanultok	rendeltek	ültök	-tok, -tek, -tök
	(önök) (당신들은, formal)	tanulnak	rendelnek	ülnek	-nak, -nek
3인칭	(ők) (이 / 그 사람들은)				

-s, -sz, -z로 끝나는 동사의 현재 활용형 (단수형, 복수형)

	인칭대명사	mély és vegyes	magas		접미사:
				마지막 모음: ö, ő, ü, ű	
1인칭	(én) (저는 / 나는)	hozok	veszek	főzök	-ok, -ek, -ök
2인칭	(te) (당신은, informal)	hozol	veszlel	főzöl	-ol, -el, -öl
	(ön) (당신은, formal)	hoz	vesz	főz	ø
3인칭	(ő) (이 / 그 사람은)				
1인칭	(mi) (우리는 / 저희는)	hozunk	veszünk	főzünk	-unk, -ünk
2인칭	(ti) (당신들은, informal)	hoztok	vesztek	főztök	-tok, -tek, -tök
	(önök) (당신들은, formal)	hoznak	vesznek	főznek	-nak, -nek
3인칭	(ők) (이 / 그 사람들은)				

I. 아래 밑줄 친 부분에 박스 안의 동사들을 선택하시오. (Mit csinál?)

Pl.: tangót, szambát *táncol* .

ül	tanul	olvas	néz	vesz	~~táncol~~

a. húslevest, krumplilevest   _____

b. zöldséget, gyümölcsöt   _____

c. a kanapén, a fotelben   _____

d. DVD-t, filmet   _____

e. anatómiát, fizikát   _____

f. Shakespeare-t, Tolsztojt   _____

II. 다음 동사 뒤에 알맞은 접미사를 쓰시오.

	én	te	ön, ő	mi	ti	önök, ők
marad	marad__	marad__	marad__	marad__	marad__	marad__
áll	áll__	áll__	áll__	áll__	áll__	áll__
táncol	táncol__	táncol__	táncol__	táncol__	táncol__	táncol__
indul	indul__	indul__	indul__	indul__	indul__	indul__
ho<u>z</u>	hoz___	hoz___	hoz___	hoz___	hoz___	hoz___
kér	kér__	kér__	kér__	kér__	kér__	kér__
rendel	rendel__	rendel__	rendel__	rendel__	rendel__	rendel__
kere<u>s</u>	keres__	keres__	keres__	keres__	keres__	keres__
örül	örül__	örül__	örül__	örül__	örül__	örül__
ül	ül__	ül__	ül__	ül__	ül__	ül__
fő<u>z</u>	főz__	főz__	főz__	főz__	főz__	főz__

III. 다음 동사들을 인칭에 따라 변화시키시오.

ÉN
• _____ (főz) egy kávét.
• Én még _____ (marad).
• Egy tollat _____ (keres).
• _____ (hoz) egy széket!
• Nagyon _____ (örül)!
TE
• Miért _____ (főz)?
• Miért nem _____ (rendel) egy pizzát?
ÖN, Ő
• Ön mit _____ (rendel)?
• Ön mit _____ (főz)? Miért nem _____ (rendel) egy pizzát?
• Ön _____ (marad) még?
• Peti kit _____ (keres)?
• Zsófi hol _____ (táncol)?
MI
• _____ (keres) egy taxit és _____ (indul), jó?
• Miért _____ (főz)? Miért nem _____ (rendel) egy pizzát?
• Ma nem _____ (főz), inkább _____ (rendel) egy pizzát.
• Mi még _____ (marad), és _____ (táncol).
TI
• Miért _____ (áll) ott? Miért nem _____ (táncol)?
• Mit _____ (kér)?
• Miért _____ (főz)? Miért nem _____ (rendel) egy pizzát?
ÖNÖK, ŐK
• Önök mit _____ (rendel)? _____ (kér) bort?
• Miért _____ (áll) ott? Miért nem _____ (táncol)?
• Miért _____ (főz)? Miért nem _____ (rendel) egy pizzát?

IV. 다음의 질문을 인칭에 맞게 완성하시오.

TE	ÖN
1. *Mit kérsz?*	1. Mit kér?
2. _____?	2. Itt marad?
3. Már indulsz?	3. _____?
4. Mit csinálsz?	4. _____?
5. _____?	5. Mit tanul itt?
6. Mit rendelsz?	6. _____?
7. _____?	7. Hol táncol?
8. Hol vásárolsz?	8. _____?

TI	ÖNÖK
1. Mit kértek?	1. Mit kérnek?
2. _____?	2. Itt maradnak?
3. Már indultok?	3. _____?
4. Mit csináltok?	4. _____?
5. _____?	5. Mit tanulnak itt?
6. Mit rendeltek?	6. _____?
7. _____?	7. Hol táncolnak?
8. Hol vásároltok?	8. _____?

V. 인칭에 알맞은 접미사를 쓰시오.

1. A házibuliban
 	
	1. - Kér____ (te) még egy kis salátát?
	     - Köszönöm, nem kér____ (én).
	 2. -Ti marad____ még?
	     - Igen, szerintem még egy kicsit marad____ (mi).
	 3. - Ti miért áll____ itt? Miért nem táncol____?
	 4. - Miért rendel____ (te) pizzát?
	     - Én?! Peti rendel____ pizzát, nem én!
	 5. - Kér____ (ti) valamit?
	     - Igen, két szendvicset kér____ (mi).
	 6. - Na, én indul____, sziasztok!
	     - Szia!
	 7. - Hoz____ (te) még egy széket?
	     - Persze! Pillanat.

2. Telefonon
 	
	8. - Halló, szia, hol vagytok?
	     - Szia! Itt áll____ (mi) az egyetem előtt.
	 9. - Halló, szia, mit csinál____ (ti) este?
	     - Otthon marad____ (mi) és tanul____ (mi).
	     - Mit tanul____ (ti)?
	     - Fizikát.

3. Étteremben
 	
	10. - Jó napot kívánok! Mit parancsol____ (Ön)?
	     - Egy ásványvizet és egy spagettit kér____ (én) szépen.
	     - Milyen spagettit kér ____ (Ön)?
	     - Bolognait kér ____ (én).

4. Program
 	
	11. - Mit csinál____ (te) ma este?
	     - Este? Táncol____ (én).
	     - Táncol____ (te)? Hol?
	     - Az Imperialban.
	     - És mit táncol____?
	     - Salsát.

5. Az utcán
 	
	12. - Bocsánat, a busz még nem indul____, ugye?
	     - Nem, még nem.
	     - Mikor indul____?
	     - Még 5 perc.

VI. 다음의 답에 대한 질문을 완성하시오. (Mi a kérdés?)

Pl.:

- Most **anatómiát** tanulunk.
  - **Mit** tanultok?

- Péter informatikát tanul.
  - _____ _____ _____?

- Csinálunk egy kávét.
  - _____ _____ ?

- Otthon vagyok.
  - _____ _____ ?

- Péter informatikát tanul.
  - _____ _____ _____?

- Kérünk szépen három sült krumplit.
  - _____ _____ ?

VII. 다음 질문을 완성하시오. (Kérdés és válasz)

TE

- Mit _____?
  - Anatómiát.

- Mit _____?
  - Tangót.

- Mit _____?
  - Gyümölcslevest és spagettit.

tanul
rendel
táncol

TI

- Mit _____?
  - Fizikát.

- Mit _____?
  - Rumbát.

- Mit _____?
  - Húslevest és rántott sajtot.

VIII. 다음 문장에 맞는 접미사를 선택하고 알맞은 그림을 찾아 보시오. (Melyik kép?)

___	___	___
1	**ÉN**	
	1. Kér___ szépen egy ceruza___, és egy toll___.	
	2. Csinál___ egy kávé___, jó?	
	3. Pillanat, ad___ egy esernyő___ .	
	4. Hoz___ 3 szék___, jó?	
	5. Este főz___ valami___, jó?	

133

IX. 알맞은 단어로 채우시오. (Keresztrejtvény)

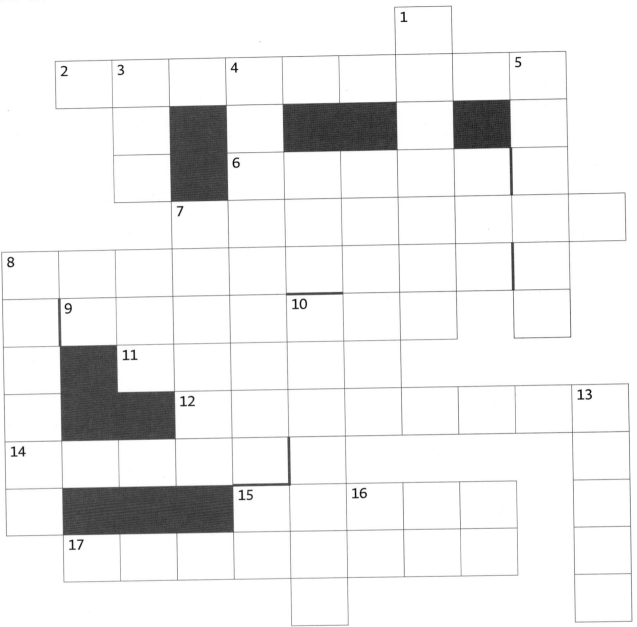

1. indul (én)
2. táncol (ők)
3. áll (ő)
4. csinál (ők)
5. kér (ők)
6. indul (ő)
7. indul (mi)
8. → csinál (ti)
   ↓ csinál (ő)
9. örül (ti)
10. tanul (én)
11. ad (ők)
12. tanul (mi)
13. kér (te)
14. áll (én)
15. ül (mi)
16. ül (ő)
17. táncol (te)

9 / 1. 잘 들어본 후, 몇 인칭인지 선택하시오. 정답이 두 개가 될 수도 있습니다.

én, te, ön, ő, mi, ti, önök, ők? Két megoldás is lehet!

Pl.: 🗣️ : „Táncolunk?"

0.	én	te	Ön	ő	[mi]	ti	Önök	ők
1.	én	te	Ön	ő	mi	ti	Önök	ők
2.	én	te	Ön	ő	mi	ti	Önök	ők
3.	én	te	Ön	ő	mi	ti	Önök	ők
4.	én	te	Ön	ő	mi	ti	Önök	ők
5.	én	te	Ön	ő	mi	ti	Önök	ők
6.	én	te	Ön	ő	mi	ti	Önök	ők
7.	én	te	Ön	ő	mi	ti	Önök	ők
8.	én	te	Ön	ő	mi	ti	Önök	ők
9.	én	te	Ön	ő	mi	ti	Önök	ők
10.	én	te	Ön	ő	mi	ti	Önök	ők
11.	én	te	Ön	ő	mi	ti	Önök	ők
12.	én	te	Ön	ő	mi	ti	Önök	ők
13.	én	te	Ön	ő	mi	ti	Önök	ők
14.	én	te	Ön	ő	mi	ti	Önök	ők
15.	én	te	Ön	ő	mi	ti	Önök	ők
16.	én	te	Ön	ő	mi	ti	Önök	ők
17.	én	te	Ön	ő	mi	ti	Önök	ők

ad	주다	to give
áll	서 있다	to stand
anatómia	해부학	anatomy
azonnal	즉시	immediatley
busz (-t)	버스(를)	bus
csinál	하다	to do
DVD (-t)	디브이디(를)	DVD
filmet néz	영화를 보다	to watch film
fizika	물리학	physics
főz	요리하다	to cook
Halló!	여보세요!	Hallo!
házibuli	홈 파티	house party
hoz	가지고 오다	to bring
indul	출발하다	to leave
informatika	정보 과학 / 컴퓨터 공학	informatics / computer science
inkább	~라기 보다는, 오히려	rather
keres	찾다	to look for sg
keresztrejtvény (-t)	크로스워드 퍼즐(을)	crossword puzzle
Kit?	누구를?	Who?
ma	오늘	today
marad	머물다	to stay
mert	왜냐하면	because
Miért?	왜?	Why?
Mikor?	언제?	When?
most	지금	now
néz	보다	to look
olvas	읽다	to read
otthon	집에서	at home
Önök	당신들	you (plural, formal)
örül	반갑다 / 기쁘다	to be happy about sg
Persze!	물론	Of course!
program	일정	schedule
rendel	시키다 / 주문하다	to order
rövid	짧다	short

rumba	룸바	rumba
salsa	살사	salsa
szamba	삼바	samba
talál	찾다	to find
táncol	춤을 추다	to dance
tangó	탱고	tango
tanul	공부하다 / 배우다	to study
taxi	택시	taxi
tényleg	진짜로 / 정말로	really
tévét néz	텔레비전을 보다	to watch television
Ugye?	…그렇죠?	right?
vásárol	쇼핑하다 / 사다	to buy sg
vesz	사다	to buy sg

10.

Hol van a...?

(...이 / 가 어디에 있어요?)

10 / A. Az egyetemen (대학에서)

- Bocsánat, hol van a könyvtár?
  (실례지만 도서관이 어디에 있어요?)

○ A könyvtár? A hatodik emeleten, a lift mellett.
  (도서관요? 6층, 엘리베이터 옆에 있어요.)

- Köszönöm. És hol van a lift?
  (고맙습니다. 엘리베이터는 어디에 있죠?)

○ Itt a lépcső mögött.
  (여기 계단 뒤에요.)

- Köszönöm!
  (고맙습니다!)

○ Nincs mit!
  (천만에요.)

10 / B. Az utcán (길에서)

- Elnézést, hol találok egy patikát a közelben?
  (실례지만 근처에 약국이 어디에 있습니까?)

○ Itt egyenesen, azután a piac előtt balra, azután tovább egyenesen. Ott lesz egy cipőbolt és egy könyvesbolt. A patika jobbra, a könyvesbolt mögött lesz.
  (직진해서 시장 앞에서 왼쪽으로 쭉 가세요. 거기에 신발 가게와 서점이 있을 겁니다. 약국은 서점 뒤 오른쪽 에 있을 겁니다.)

- Köszönöm. Messze van?
  (고맙습니다. 여기서 먼가요?)

- Nem, nincs messze, csak 5-6 perc.
  (아니요, 멀지 않고 5-6분 정도 걸립니다.)

- Köszönöm! Viszlát!
  (고맙습니다. 안녕히 계세요.)

- Nincs mit! Viszlát!
  (천만에요. 안녕히 가세요.)

1. 백화점에서. 아래 글을 읽고 무엇이 어디에 있는지 그림에 써 보시오.

(Mi hol van a bevásárlóközpontban?)

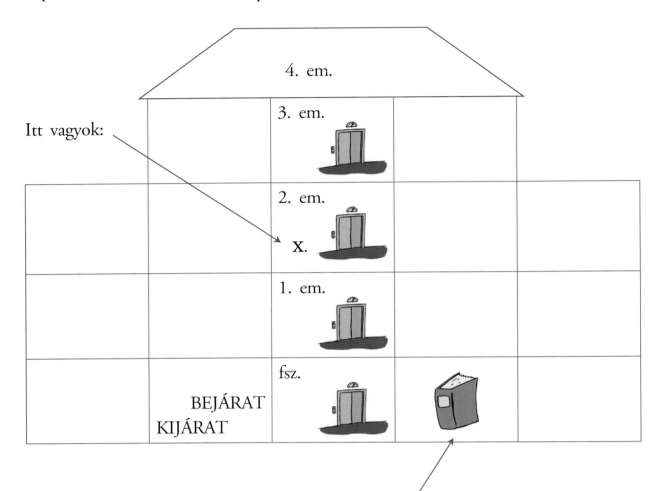

Pl.: A földszinten a lift mellett jobbra van egy könyvesbolt.

1. A diszkó a negyedik emeleten van.

2. A posta az első emeleten van, jobbra, a bank mellett.

3. A könyvesbolt a földszinten van. A bank a könyvesbolt felett van az első emeleten.

4. A harmadik emeleten jobbra van egy jó ruhabolt.

5. Az első emeleten van egy virágbolt, a mozi mellett balra.

6. A harmadik emeleten van egy jó étterem.

7. A könyvesbolt mellett van egy gyógyszertár.

8. A virágbolt az első emeleten van. A virágbolt alatt van egy ruhabolt a földszinten.

9. A sportbolt a második emeleten van, a cipőbolt mellett.

10. Itt a második emeleten van egy olcsó internet-kávézó. Balra van egy fitnesz-terem és azután az internet-kávézó.

11. Itt a második emeleten van egy nagyon jó cipőbolt, jobbra a lift mellett.

I. 장소 + -에 (-ban / -ben)

iskola (학교)	könyvtár (도서관)	(tan)terem (교실)	étterem (식당)
büfé (스낵바)	kávézó (카페)	bolt (가게)	könyvesbolt (서점)
cipőbolt (신발 가게)	ruhabolt (옷가게)	virágbolt (꽃가게)	színház (극장)
mozi (영화관)	stadion (스타디온)	uszoda (수영장)	fitnesz-terem (헬스장)
diszkó (디스코텍)	kocsma (퍼브)	patika / gyógyszertár (약국)	bank (은행)
templom (성당 / 교회)	park (공원)	buszmegálló (버스 정류장)	

II. 장소 + -에 (-n / -on / -en / -ön)

út (길 / 거리)	tér (광장)	repülőtér (공항)	pályaudvar (철도역)
egyetem, főiskola (대학교, 전문대학)	rendőrség (경찰서)	posta (우체국)	piac (시장)
strand (옥외 수영장 / 해수욕장)	koncert (콘서트)	meccs (경기)	

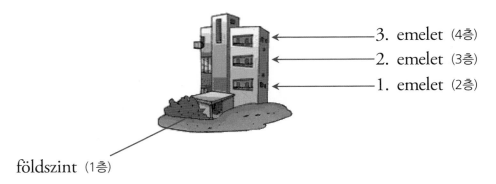

3. emelet (4층)
2. emelet (3층)
1. emelet (2층)

földszint (1층)

Hol / Merre van? (어디 / 어느 쪽으로 있어요?)

balra (왼쪽으로)	jobbra (오른쪽으로)	egyenesen (똑바로)

1. Hol? (어디?)

	Hol? (어디에?)
I. iskola, könyvtár, uszoda, park, stadion, bolt, ruhabolt, cipőbolt, patika / gyógyszertár, mozi, színház, kocsma, kávézó, diszkó, étterem, büfé, terem, utca, lift, templom	-ban / -ben (-에)
II. út, tér, repülőtér, pályaudvar, egyetem, főiskola, rendőrség, posta, piac, strand, meccs, koncert, emelet, földszint	-n / -on / -en / -ön (-에)

2. Hányadik? (몇 번째?)

1.	első (첫 번째)	11.	tizenegyedik (열한 번째)
2.	második (두 번째)	12.	tizenkettedik (열두 번째)
3.	harmadik (세 번째)	13.	tizenharmadik (열세 번째)
4.	negyedik (네 번째)	…	…
5.	ötödik (다섯 번째)	20.	huszadik (스무 번째)
6.	hatodik (여섯 번째)	21.	huszonegyedik (스물한 번째)
7.	hetedik (일곱 번째)	22.	huszonkettedik (스물두 번째)
8.	nyolcadik (여덟 번째)	…	…
9.	kilencedik (아홉 번째)		
10.	tizedik (열 번째)		

3. Hányadik emeleten? (몇 층에?)

a földszinten (1층에)

az első emeleten (2층에)

a második emeleten (3층에)

a harmadik emeleten (4층에)

I. 다음의 단어가 무엇을 의미하는지 한 단어로 표현하시오.

Pl.: 서울역, 밀양역	*pályaudvar*
a. 버거킹, 맥도날드	
b. 인천국제공항, 김포국제공항	
c. 단국대학교, 연세대학교	
d. 현대백화점, 롯데백화점	

II. 단어를 연결해서 완성하시오. (Melyik szó ez?)

1. fő	a. bolt
2. gyógyszer	b. iskola
3. repülő	c. megálló
4. ruha	d. szint
5. pálya	e. tár
6. busz	f. tér
7. föld	g. udvar

III. 빈칸에 적합한 알파벳을 선택하시오. (Melyik betű jó?)

s – sz	a – o	e – é
bu__megálló	st__di__n	t__r__m
__tadion	k__ncert	t__r
i__kola	b__nk	káv__zó
po__ta	p__sta	büf__
di__kó	usz__d__	__tt__r__m
		r__pülőt__r

IV. 설명을 읽고 무엇이 어디에 있는지 쓰시오. (Mi hol van?)

Pl.: 0. „A piac a park mellett van balra.”

	PIAC	Park

↑

5. buszmegálló

A piac mögött van a stadion. A buszmegálló a stadion mellett van jobbra.

	piac	

↑

1. gyógyszertár

Itt van a mozi, a mozi mellett balra egy kávézó, és a kávézó mögött van egy gyógyszertár.

	mozi	

↑

6. ruhabolt

A ruhabolt a kávézó és a park között van.

		park

↑

2. bank

A bank a rendőrség előtt van.

	rend-őrség	

↑

7. uszoda

Az uszoda a park mögött van, a könyvtár és a színház között.

	park	

↑

3. rendőrség

A piac előtt van a stadion. A rendőrség a stadion mellett van balra.

		piac

↑

8. étterem

A park mellett jobbra van egy buszmegálló, és a megálló mögött van az étterem.

	park	

↑

4. főiskola

A főiskola a piac mögött balra van.

	piac	

↑

V. 사람들이 어디에 있는지 알맞은 접미사로 표현하시오. (Ki hol van?)

a.		az egyetem**en**, a könyvtár_____
b.		a ruhabolt_____, a diszkó_____
c.		az uszoda_____, a fitnesz-terem_____
d.		az étterem_____, a büfé_____
e.		a kocsma_____, a rendőrség_____

f.		a Kossuth tér_____, a Deák tér_____
g.		a pályaudvar_____, a repülőtér_____
h.		az iskola_____
i.		a főiskola_____, az egyetem_____

VI. 보기와 같이 이야기해 보시오. (Hányadik emeleten…?)

a.
- Elnézést, hányadik emeleten van itt egy gyógyszertár?
- Az első emeleten.

b.
- Elnézést, van itt egy virágbolt?
- Igen, van, a harmadik emeleten jobbra.

6. em.				
5. em.				
4. em.				
3. em.				
2. em.				
1. em.				
fsz.		BEJÁRAT KIJÁRAT		

146

I. 다음 장소에 없는 것을 고르시오.

a. Az iskolában nincs...   terem, büfé, <u>diszkó</u>
b. A repülőtéren nincs...   étterem, piac, büfé
c. A bevásárlóközpontban nincs park, cipőbolt, ruhabolt
d. A parkban nincs...   buszmegálló, tanterem, múzeum
e. A stadionban nincs...   büfé, meccs, park

II. 아래 단어들을 완성하시오.

ét- fitness-	virág- cipő- könyves – ruha-	könyv- gyógyszer-	repülő- Deák
terem			

IV. 알맞은 단어로 채우시오.

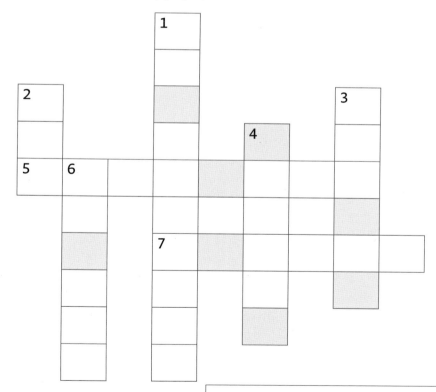

1. Sok vonat van itt.
2. Deák ..., Kossuth ...
3. Gyógyszertár.
4. Sok sör, bor vodka, pálinka van itt.
5. Sok nő vásárol itt. ☺
6.
7. Sok ember táncol itt.

Nagy és szép templom Budapesten:

147

V. 다음 그림을 보고 문법에 맞게 장소를 쓰시오.

- Halló! Hol vagy most?

Pl.: 0. Itt vagyok a _postá_n.

1. az _____ban
2. a _____ban
3. a _____en
4. a _____ben
5. a _____on
6. az _____on
7. az _____en
8. az _____ben

VI. 다음 문장에 맞는 접미사를 쓰시오.

- Otthon vagy?
- Nem, itt vagyok a piac_____ egy virágbolt_____.

- Már a pályaudvar_____ vagy?
- Nem, még csak a buszmegálló_____.

- Hol vagy?
- A stadion_____, a magyar-német meccs_____!

- Te hol vagy?
- Én a strand_____. És ti?
- Mi az uszoda_____.

- A posta_____ van bankautomata?
- Nem, nincs, csak a bank_____.

HALLGATÁS (듣기)

10 / 1. 잘 들어본 후, 백화점에서 무엇이 어디에 있는지 쓰시오.

(Mi hol van a bevásárlóközpontban?)

Pl.:

: „A mozi a harmadik emeleten van, a diszkó mellett balra."

4. em				
3. em.	________ 1	MOZI 2		________ 4
2. em.		________ 6	________ 7	________ 8
1. em.	________ 9	________ 10	________ 11	________ 12
fsz.		________ 14	BEJÁRAT KIJÁRAT	________ 15

aztán / azután	그 다음에	then
balra	왼쪽으로	(to) the left
bank	은행	bank
bejárat	입구	entrance
bevásárlóközpont	백화점	shopping centre
büfé	스낵바/뷔페	buffet
cipőbolt	신발 가게	shoe shop
diszkó	클럽	disco
egyenesen	직진 / 똑바로	straight (ahead)
egyetem	대학교	university
első	첫 번째	first
ember (-t)	사람(을)	man
emelet / em.	층	floor
fitneszterem (fitnesztermet)	헬스장(을)	fitness-room
földszint / fsz.	1층	ground floor
főiskola	전문대학	college
gyógyszertár (-at)	약국(을)	pharmacy
Hányadik?	몇 번째	Which?
internet-kávézó	pc방	internet-café
iskola	학교	school
jobbra	오른쪽으로	(to) the right
kijárat	출구	exit
kocsma	퍼브	pub
könyvesbolt	서점	bookshop
könyvtár (-at)	도서관(을)	library
közelben	근처에	in the near
lépcső	계단	stairs
majd	언젠가	sometime
messze	멀다	far
mozi	영화관	cinema
pályaudvar (-t)	철도역(을)	railway station
park	공원	park
patika	약국	pharmacy
piac	시장	market

posta	우체국	post office
repülőtér (repülőteret)	공항(을)	airport
ruhabolt	옷가게	clothes shop
sok	많다	a lot of
sportbolt	스포츠용품점	sports shop
stadion (-t)	스타디온(을)	stadium
strand	옥외 수영장 / 해변	beach
színház (-at)	극장(을)	theatre
templom	성당 / 교회	church
terem (termet)	큰 방 / 홀 / 회당 / 교실	room / hall
tovább	계속	straight on
uszoda	수영장	swimming-pool
út (utat)	길 / 거리	1. road 2. way
valahol	어딘가에	somewhere
virágbolt	꽃가게	florist's

11. Mikor?
(언제?)

11 / A. Mikor? (언제?)

- **Elnézést, Tanárnő, mikor lesz hétfőn a magyaróra? Délelőtt vagy délután?**
  (선생님, 죄송하지만 헝가리어 수업이 월요일 언제 있습니까? 오전인가요? 오후인가요?)

- Délelőtt.
  (오전요.)

- **Hány órakor kezdődik?**
  (몇 시에 시작합니까?)

- Negyed kilenckor.
  (8시 15분에 시작합니다.)

- **És szerdán?**
  (수요일은요?)

- Délután fél négykor.
  (오후 3시 30분에 시작합니다.)

- **Köszönöm szépen!**
  (감사합니다.)

- Nagyon szívesen!
  (천만에요.)

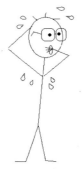

152

11 / B.

○ Bocsánat, **mikor** lesz a vizsga?
(미안하지만, 시험이 언제예요?)

● Tegnap volt.
(어제였어요.)

○ Jaj-jaj!
(이런!)

● De lesz vizsga december**ben** vagy januárban is.
(그런데 12월이나 1월에도 시험이 있을 거예요.)

○ Ó, akkor még van idő! ☺
(아, 그럼 아직도 시간이 있군요! ☺)

11 / C.

○ Elnézést, Kovács tanár úr itt van?
(실례하지만 여기 Kovács 선생님께서 계십니까?)

● Délelőtt itt volt, de már nincs itt.
(오전에 계셨는데 지금은 안 계십니다.)

○ És mikor lesz itt?
(그럼 언제 계실까요?)

● Szerdán délelőtt és csütörtökön délután.
(수요일 오전과 목요일 오후에 계실 겁니다.)

○ Csütörtökön hánykor?
(목요일에는 몇 시에?)

● Háromnegyed háromkor már itt lesz.
(2시 45분부터 계실 겁니다.)

○ Köszönöm.
(감사합니다.)

1. Hány órakor? (몇 시에?)

> Mikor / Hány órakor lesz a film? (영화가 언제 / 몇 시에 있을 거예요?)
>
> → (este) 8 órakor / 20 órakor ((저녁) 8시에 / 오후 8시에)
>
> → 8-kor (nyolckor) (8시에)
>
> → háromnegyed nyolckor (7시 45분에)

2. Egy nap (하루)

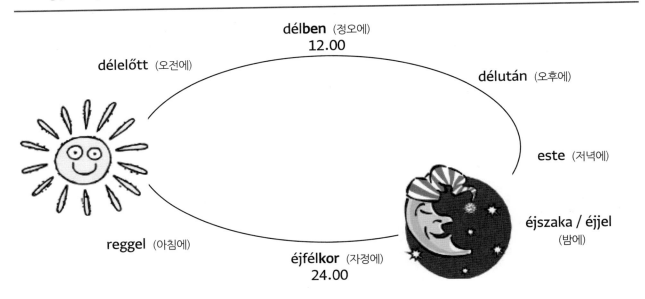

délben (정오에)
12.00

délelőtt (오전에)

délután (오후에)

este (저녁에)

éjszaka / éjjel
(밤에)

reggel (아침에)

éjfélkor (자정에)
24.00

3. Egy hét = 7 nap ☺ (일주일 = 7일)

MELYIK NAP? (무슨 요일?)	MIKOR? (언제?)
• hétfő (월요일)	• hétfőn (월요일에)
• kedd (화요일)	• kedden (화요일에)
• szerda (수요일)	• szerdán (수요일에)
• csütörtök (목요일)	• csütörtökön (목요일에)
• péntek (금요일)	• pénteken (금요일에)
• szombat (토요일)	• szombaton (토요일에)
• vasárnap (일요일)	• vasárnap (-) (일요일에)

OKTÓBER (10월)

a múlt héten (지난 주에)	5	vasárnap	**Tegnapelőtt** vasárnap **volt.** (그제 일요일이었다.)
ezen a héten (이번 주에)	6	hétfő	**Tegnap** hétfő **volt.** (어제는 월요일이었다.)
	7	**kedd**	**Ma** kedd van. (오늘은 화요일이다.)
	8	szerda	**Holnap** szerda **lesz.** (내일은 수요일이다.)
	9	csütörtök	**Holnapután** csütörtök **lesz.** (모레는 목요일이다.)
	10	péntek	
	11	szombat	
	12	vasárnap	
a jövő héten (다음 주에)	13	hétfő	

tegnapelőtt - tegnap (그제 - 어제)	ma (오늘)	holnap - holnapután (내일 - 모레)
volt ⟶ (이었다)	van (이다)	⟶ lesz ('이다'의 미래 시제)

4. A 12 hónap (12개월)

MELYIK HÓNAP? (몇 월?)

- január (1월)
- február (2월)
- március (3월)
- április (4월)
- május (5월)
- június (6월)
- július (7월)
- augusztus (8월)
- szeptember (9월)
- október (10월)
- november (11월)
- december (12월)

MIKOR? (언제?)

- január**ban** (1월에)
- február**ban** (2월에)
- március**ban** (3월에)
- április**ban** (4월에)
- május**ban** (5월에)
- június**ban** (6월에)
- július**ban** (7월에)
- augusztus**ban** (8월에)
- szeptember**ben** (9월에)
- október**ben** (10월에)
- november**ben** (11월에)
- december**ben** (12월에)

5. A 4 évszak (사계절)

MELYIK ÉVSZAK? (어느 계절?)	tavasz (봄)	nyár (여름)	ősz (가을)	tél (겨울)
MIKOR? (언제?)	tavasszal (봄에)	nyáron (여름에)	ősszel (가을에)	télen (겨울에)

6. Mikor? (언제?)

Ø	-kor	-ban, -ben	-n, -on, -en,-ön	비고
reggel délelőtt délután este éjszaka _____ tegnapelőtt tegnap ma holnap holnapután _____ vasárnap	Hány órakor? nyolc órakor nyolckor fél nyolckor _____ éjfélkor	januárban, februárban, ... decemberben _____ délben	hétfőn kedden szerdán csütörtökön pénteken szombaton _____ a múlt héten a jövő héten ezen a héten _____ télen nyáron	tavasszal ősszel

I. 빈칸에 적합한 알파벳을 선택하시오. (**Melyik betű jó?**)

s – sz	c – cs	a – á
áprili__	de__ember	febru__r
augu__tu__	már__ius	janu__r
júliu__		m__jus
__eptember		m__rcius

II. 다음 상황에 맞는 것을 선택하시오. (**Mikor?**)

Pl.:

0. Télen Olaszországban vagyok.

   a. májusban

   b. <u>decemberben</u>

   c. júniusban

1. Nyáron Japánban vagy?

   a. májusban

   b. júniusban

   c. szeptemberben

2. Peti ősszel Párizsban volt.

   a. októberben

   b. januárban

   c. márciusban

3. Petra tavasszal Bécsben volt.

   a. augusztusban

   b. februárban

   c. áprilisban

4. Ősszel az egyetemen vagyok.

   a. decemberben

   b. októberben

   c. áprilisban

5. Nyáron Londonban Madonna-koncert lesz.

   a. októberben

   b. februárban

   c. júliusban

6. Nyáron otthon vagy?

   a. augusztusban

   b. februárban

   c. áprilisban

III. 다음의 보기에서, 백만장자인 Kovács János는 언제, 그리고 어디에 있을지
적합한 접미사를 사용하여 나타내시오. (Mikor és hol van Kovács János milliomos?)

a. január***ban*** Ausztria_____ van,

b. február___ India_____,

c. március___ Oroszország_____,

d. április___ Korea_____,

e. május___ Anglia_____,

f. június___ Japán_____,

g. július___ Törökország_____,

h. augusztus___ Kína_____,

i. szeptember___ Franciaország_____,

j. október___ Németország_____,

k. november___ Olaszország_____,

l. december___ Magyarország_____.

IV. 다음의 빈칸에 알맞은 알파벳을 선택하시오. (Melyik betű jó?)

e – é	s – sz – cs	a – á
h___tfő	___erda	szomb__t
k___dd	___ombat	v__s__rn__p
sz___rda	va___árnap	szerd___
p___nt___k	__ütörtök	

V. 다음 문장을 상황에 맞게 완성하시오. (Volt – van – lesz)

tegnapelőtt - tegnap	ma	holnap - holnapután
volt ⟶	van	⟶ lesz

a.

   a. Ma szerda _____ .

   b. Holnap _____ _____ .

   c. Tegnapelőtt _____ _____ .

   d. Tegnap _____ _____ .

   e. Holnapután _____ _____ .

b.

   a. Holnap kedd _____ .

   b. Ma _____ _____ .

   c. _____ szombat _____ .

   d. _____ szerda _____ .

   e. _____ vasárnap _____ .

VI. Andi는 이번 주 저녁에 무엇을 하는지, 적합한 접미사를 사용하여 나타내시오.

   (Mit csinál Andi ezen a héten este?)

Hétfő___ tanul.

Kedd___ tanul.

Szerda___ főz.

Csütörtök___ a könyvtárban lesz.

Péntek___ táncol.

Szombat___ otthon lesz.

Vasárnap___ filmet néz.

VII. 달력을 보고 질문에 답하시오.

Program novemberben (11월의 일정)

NOVEMBER		
8	péntek	teszt
9	szombat	
10	vasárnap	Omega-koncert
11	**hétfő**	**Ma hétfő van.**
12	kedd	
13	szerda	
14	csütörtök	
15	péntek	teszt
16	szombat	Justin Timberlake koncert
17	vasárnap	
18	hétfő	teszt

a.

- Bocsánat, mikor volt teszt múlt héten?
○ _____

- És ezen a héten pénteken lesz teszt?
○ _____

- És jövő héten mikor lesz teszt?
○ _____

- Köszönöm!

b.

- Mikor lesz az Omega-koncert?
○ _____

- Hűha. És ezen a héten lesz valami koncert?
○ _____

- És mikor?
○ _____

- Köszönöm.

VIII. 한 사람은 **A**, 그리고 다른 사람은 **B** 역할을 하면서, 다음 보기와 같이 질문하고 대답을 하시오.
(Hánykor van?)

A

Pl.:

B: Hétfőn hánykor van a koncert? Fél 8-kor vagy fél 9-kor?

A: Pillanat... fél 9-kor.

hétfő	20.30	koncert
kedd	19.45? 20.45?	meccs
szerda	11.45	magyar
csütörtök	20.00? 21.00?	film
csütörtök	21.30	koncert
péntek	8.45? 9.00?	kémia
szombat	19.15	meccs
vasárnap	18.45? 19.00?	színház

B

Pl.:

B: - Hétfőn hánykor van a koncert? Fél 8-kor vagy fél 9-kor?

A: - Pillanat... fél 9-kor.

hétfő	19.30? 20.30?	koncert
kedd	19.45	meccs
szerda	11.45? 12.00?	magyar
csütörtök	20.00	film
csütörtök	21.30? 21.45?	koncert
péntek	8.45	kémia
szombat	19.00? 19.15?	meccs
vasárnap	19.00	színház

IX. 다음 대화를 완성하시오. (Melyik szó hiányzik?)

délután	szívesen	holnap	délelőtt
volt	tegnap	mikor	

a.

- • _____ van a magyaróra?
- ○ Hétfőn _____ tízkor és szerdán _____ kettőkor.
- • Köszönöm szépen!
- ○ Nagyon _____!

b.

- • Hol _____ _____ U2-koncert?
- ○ Talán Bécsben.
- • És _____ hol lesz?
- ○ Prágában.

X. 내일은 언제, 그리고 어디에 있을 것인지 기록해 보시오.
(Mikor és hol leszel holnap?)

Pl.: Holnap reggel otthon leszek,...

_____
_____
_____
_____
_____
_____
_____
_____
_____
_____
_____

11 / 1. 오늘과 내일 일정을 보고 질문을 들어본 후, 맞는 대답을 고르시오. (Mikor van...?)

Ez a program ma és holnap:

MA		HOLNAP	
október 9. péntek		október 10. szombat	
9.15 – 10.45	*magyaróra*	10.00 – 17.00	*fesztivál*
11.15 – 12.45	*teszt*	17.30 – 20.00	*filmklub*
13.00 – 15.00	*kávézó*	20.15 – 23.00	*koncert*
20.45 – 23.00	*koncert*		

Pl.: : „Van ma magyaróra?"

0.

a. Igen.

b. Nem.

c. Igen, délután.

1.

a. Holnap van.

b. Igen, van.

c. Igen, este nyolckor.

2.

a. Negyed kilenckor.

b. Negyed tízkor.

c. Háromnegyed tizenegykor.

3.

a. Igen.

b. Nem. Negyed tizenkettőkor.

c. Igen, 9.15-kor.

4.

a. Nem jó, koncert van este.

b. Nem jó, fesztivál van holnap.

c. Jó!

5.

a. Jó, szerintem jó lesz.

b. Nem jó sajnos.

c. Nem jó, magyaróra van.

6.

a. Negyed kilenckor.

b. Háromnegyed kilenckor.

c. Van koncert holnap?

11 / 2. 잘 들어본 후, 다음에 알맞은 대답을 선택하시오. (Hány órakor?)

Pl.:

- Tanárnő, holnap hánykor van a magyaróra?
- Háromnegyed egykor.

0. Tanárnő, holnap hánykor van a
   magyaróra?
   a. 12.45
   b. 15.15
   c. 15.45

1. Hánykor kezdődik a koncert?
   a. 19.00
   b. 20.15
   c. 21.15

2. Hánykor van ma a meccs?
   a. 17.15
   b. 18.15
   c. 19.00

3. Mikor van a film?
   a. 20.00
   b. 21.00
   c. 22.00

4. Tanárnő! Mikor lesz hétfőn a teszt?
   a. 15.00
   b. 15.45
   c. 16.45

5. Mikor vagy ma otthon?
   a. 14.30
   b. 18.00
   c. 21.00

április (-t)	4월(을)	April
augusztus (-t)	8월(을)	August
csütörtök	목요일	Thursday
december (-t)	12월(을)	December
éjjel (-t)	밤(을)	night
éves	살	years old
évszak	계절	season
február (-t)	2월(을)	February
hét	주일 / 주	week
hétfő	월요일	Monday
holnap	내일	tomorrow
holnapután	모레	the day after tomorrow
hónap	달 / 월	month
Hűha!	어머나!	Oh, Dear!
Jaj!	이런! / 저런!	Ouch! / Oh!
január (-t)	1월(을)	January
jövő hét	다음 주	next week
július (-t)	7월(을)	July
június (-t)	6월(을)	June
kedd	화요일	Tuesday
kémia	화학	chemistry
kezdődik	시작하다	to start
május (-t)	5월(을)	May
március (-t)	3월(을)	March
Mikor?	언제?	When?
milliomos (-t)	백만장자(를)	millionaire
múlt hét	지난 주	last week
nap	요일 / 날	day
november (-t)	11월(을)	November
nyár (nyarat)	여름(을)	summer
október (-t)	10월(을)	October
ősz (-t)	가을(을)	autumn
péntek	금요일	Friday
pillanat	잠깐 / 잠시 / 순간	moment

szeptember (-t)	9월(을)	September
szerda	수요일	Wednesday
szombat	토요일	Saturday
tavasz (-t)	봄(을)	spring
tegnap	어제	yesterday
tegnapelőtt	그제	the day before yesterday
teszt	시험	test
tél (telet)	겨울(을)	winter
úr (urat)	선생님(을) (학교 선생이 아닌)	sir
vasárnap	일요일	Sunday
vizsga	시험	exam
volt	이(있)었다	was

12.

Hová mész?

(어디에 가요?)

12 / A.  Hová mész? (어디에 가요?)

○ Halló!
(여보세요.)

● Szia Kati! Hol vagy most?
(안녕, Kati! 지금 어디예요?)

○ Otthon vagyok.
(집에 있어요.)

● Otthon? Most?
(집이요? 지금요?)

○ Igen, miért?
(네, 왜요?)

● Mert megyünk a Ráday utcába, a Flamencóban ebédelünk. Nem jössz te is?
(우리는 Ráday 거리에 가서 Flamenco에서 점심 하려고 하는데, 안 올래요?)

○ Sajnos nem.
(안타깝게도 못 가요.)

● Miért? Hová mész?
(왜요? 어디에 가요?)

○ Megyek a könyvtárba és az egyetemre. Aztán postára, gyógyszertárba, boltba, cipőboltba, piacra, haza és 7-kor színházba. Aztán 10-kor...
(도서관에 갔다 온 다음에 대학교에 가요. 그 후에는 우체국, 약국, 가게, 신발가게, 시장을 들르고 집에 갔다가 7시에 극장에 가요. 그 다음에는 10시에…)

● Jó-jó, rendben! Akkor majd máskor! Szia!
(네, 네, 알겠어요. 그럼 다음에 봐요. 안녕!)

○ Szia!
(안녕!)

Kati가 어디에 가는지, 위 대화에 따라 맞는 순서를 찾아보시오. (Hová megy Kati?)

_____	_____	1. _____	_____
_____	_____	_____	_____

NYELVTAN (문법)

1. 'van' (있다), 'jön' (오다), 'megy' (가다) 불규칙적인 동사들의 현재 활용형 (단수형, 복수형)

	인칭대명사	Hol? (어디)	Hová? (어디에)	
		van (있다)	megy (가다)	jön (오다)
1인칭	(én) (저는)	vagyok	megyek	jövök
2인칭	(te) (당신은, informal)	vagy	mész	jössz
	(ön) (당신은, formal)	van	megy	jön
3인칭	(ő) (이 / 그 사람은)			
1인칭	(mi) (우리는 / 저희는)	vagyunk	megyünk	jövünk
2인칭	(ti) (당신들은, informal)	vagytok	mentek	jöttök
	(önök) (당신들은, formal)	vannak	mennek	jönnek
3인칭	(ők) (이 / 그 사람들은)			

2. Hol? Hová? (어디? 어디에?)

	Hol? (어디?)	Hová? (어디에?)
I. iskola, könyvtár, uszoda, park, stadion, bolt, ruhabolt, cipőbolt, patika / gyógyszertár, mozi, színház, kocsma, kávézó, diszkó, étterem, büfé, terem, utca, templom	-ban / -ben (-에 / -에서)	-ba / -be (-에)
II. út, tér, repülőtér, pályaudvar, egyetem, főiskola, rendőrség, posta, piac, strand, meccs, koncert, emelet, földszint	-n / -on / -en / -ön (-에 / -에서)	-ra / -re (-에)

I. 다음 동사 활용형에 맞는 접미사를 쓰시오.

kér		megy
(én) kér___		(én) megy___
(te) kér ___		(te) mé___
(Ön) kér___		(Ön) megy___
(ő) kér___	→	(ő) megy___
(mi) kér___		(mi) megy___
(ti) kér___		(ti) men___
(Önök) kér___		(Önök) men___
(ők) kér___		(ők) men___
ül		**jön**
(én) ül___		(én) jöv___
(te) ül___		(te) jö___
(Ön) ül___		(Ön) jön___
(ő) ül___	→	(ő) jön___
(mi) ül___		(mi) jöv___
(ti) ül___		(ti) jöt___
(Önök) ül___		(Önök) jön___
(ők) ül___		(ők) jön___

II. 다음 대화의 빈 칸에 인칭에 맞는 동사를 쓰시오.

jön	megy	jössz	megyünk	mentek
megyek		csinálsz	mentek	

- ○ Mit _____ ma este?
- ● Nem tudom. Miért?
- ○ Mi _____ a klubba! Nem _____ te is?
- ● Hova_____?
- ○ A Flamengóba.
- ● És ki _____ még?
- ○ Hát, _____ Juan, és talán Orsi is.
- ● Oké. _____ én is! Hánykor _____?
- ○ Hét körül.
- ● Rendben.
- ○ Akkor este ott leszek! Szia!
- ● Szia!

III. 다음 동사의 인칭 변화를 완성하시오.

ÉN

- _____ (jön) csak _____ (főz) egy kávét.
- Én nem _____ (megy) moziba, inkább otthon _____ (tanul).
- _____ (jön), pillanat, _____ (hoz) egy széket.
- Mindjárt _____ (megy), csak _____ (vesz) egy kólát!
- _____ (kér) még egy sört, aztán _____ (megy).

TE

- Nem _____ (jön)? Vagy még _____ (rendel) valamit?
- Már _____ (indul)? Hová _____ (megy)?
- _____ (jön) vagy _____ (marad)?
- _____ (megy) vagy _____ (marad)?
- Már _____ (megy)? Miért nem _____ (marad)?

ÖN, Ő

- Ön mikor _____ (megy) haza?
- Ön is _____ (kér) még egy sört?
- Ön hová _____ (megy) holnap?
- Peti _____ (kér) még egy ásványvizet.
- Andi _____ (főz) egy kávét.
- Joe nem _____ (megy) moziba, inkább otthon _____ (tanul).

MI

- _____ (megy) vagy _____ (marad)?
- _____ (kér) még egy sört, aztán _____ (megy) jó?

TI

- Már _____ (indul)? Hová _____ (megy)?
- _____ (jön) vagy _____ (marad)?
- Miért _____ (van) mindig otthon? Miért nem _____ (megy) moziba vagy színházba?
- _____ (jön) ma a kávézóba? Vagy ma _____ (táncol)?

ÖNÖK, ŐK

- Önök is _____ (kér) még ásványvizet?
- Önök hová _____ (megy) holnap?
- És ők mikor _____ (megy) haza?
- Ők inkább otthon _____ (tanul).
- Ők is _____ (jön), _____ (hoz) egy széket.

IV. 다음 그림을 보고 대화를 완성하고, 그림하고 연결되는 숫자를 쓰시오.

   (Hová? (−ra, −re, −ba, −be))

	0.					

0.

   • Halló, szia! Jössz a könyvtárba?

   ○ Most nem. A *cipőboltba* megyek, veszek egy cipőt.

1.

   • Sziasztok! Hová mentek?

   ○ Itt van a Bayern München a városban! Megyünk a _____ .

2.

   • Mikor leszel ma otthon?

   ○ Nem tudom. Este megyek _____. Van egy jó James Bond-film.

3.

   • Jössz este moziba?

   ○ Nem jó sajnos. Délután indulok a _____, mert megyek Mexikóba.

4.

   • Hová mentek ma?

   ○ A Madonna-_____ !

5.

   • Hová mész?

   ○ A _____ . Éhes vagyok.

6.

   • Hová mész?

   ○ A _____ . Nem vagyok túl jól.

V. 다음에 적합한 접미사를 사용해 완성하시오.

Hová mész?

- A Keleti pályaudvarra   →   A Keleti**be**
- A Nyugati pályaudvar____   →   A Nyugati____
- A Déli pályaudvar____   →   A Déli____

- A Corvin mozi____   →   A Corvin____
- A Blaha Lujza tér____   →   A Blaha____

VI. 다음 그림을 보고 문법에 맞게 장소를 쓰시오.

- Halló! Hová mész?

Pl.: Megyek az *egyetem*re

Megyek ...

a. az _____ba

b. a _____ba

c. a _____ra

d. a _____be

e. a _____re

f. az _____be

VII. 다음에 맞는 접미사를 쓰시오. (Ki hová megy?)

a.		az egyetemre, a könyvtár_____		f.		a Kossuth tér_____, a Deák tér_____
b.		a ruhabolt_____, a diszkó_____		g.		a pályaudvar_____, a repülőtér_____
c.		az uszoda_____, a fitnesz-terem_____		h.		az iskola_____
d.		az étterem_____, a büfé_____		i.		a főiskola_____, az egyetem_____
e.		a kocsma_____, a rendőrség_____				

VIII. 영화관에 갑니다. 보기와 같이 이야기해 보시오.

Pl.:

○ Szia! Mikor megyünk moziba, csütörtökön vagy pénteken?

● Szerintem csütörtökön. Az Indiana Jones jó lesz?

○ Jó. Hány órakor?

● Fél tizenegykor, a Mammutban.

○ Oké! Ott leszek.

| Film | ter. | szink. | perc | csütörtök | | | péntek | | | » |
				20	21	22	20	21	22	»
Harry Potter és a Főnix Rendje	4	felir.	138	20:00		22:45	20:00		22:45	
Harry Potter és a Főnix Rendje	13	szink.	138		21:00			21:00		23:45
Harry Potter és a Főnix Rendje	14	felir.	138		21:00			21:00		23:45
Transformers	1	felir.	141			22:15			22:15	
Transformers	6	felir.	141	20:15			20:15			23:15
A Karib-tenger kalózai - A világ végén	11	szink.	110	20:30			20:30			23:00
Die Hard 4. - Legdrágább az életed	2	felir.	135		22:30			22:30		
Grindhouse-Halálbiztos	11	felir.	189				20:30			
Harmadik Shrek	3	felir..	93		21:45			21:45		00:00
Miss Potter	12	szink.	115		21:30			21:30		
Piaf	10	felir.	140	20:15			20:15			
Zodiac	8	felir.	158	20:45			20:45			

ter.= terem, szink.= szinkronizált (더빙), felir.=feliratos (자막)

I. 먼저 관사를 선택한 후 빈 칸에 적합한 단어를 쓰시오. (Hová mész?)

piacra	repülőtérre	egyetemre	Old Star klubba	büfébe

a. A-AZ _____piacra_____ megyek, veszek almát és paradicsomot.

b. A-AZ _____ megyek. Hozok egy szendvicset.

c. A-AZ _____ megyek, 10-kor magyaróra van.

d. A-AZ _____ megyek, este ott táncolunk.

e. A-AZ _____, mert megyek New Yorkba.

II. 다음 대화를 완성하시오.

postára	piacon	egyetemre	egyetem

- Halló!

○ Szia! Még a _____vagy?

- Igen, veszek még paprikát, aztán megyek a _____.

○ És mikor jössz az _____?

- Szerintem fél ötkor ott leszek.

○ Jó, akkor fél ötkor az _____ előtt!

- Jó, ott leszek.

III. 다음 대화를 완성하시오.

meccsen	piacon	moziba

- Halló!

○ Szia! Már a _____ vagy?

- Nem, még a _____ vagyok, csak aztán megyek a stadionba.

- Holnap hánykor megyünk a _____?

○ A film 9-kor lesz, szerintem fél kilenckor indulunk.

- Mit csinálsz holnap?
- Reggel nyolckor megyek az iskola___, tizenegykor a könyvtár___, délben a büfé___, délután posta___, aztán az egyetem___, aztán a rendőrség___. Este még nem tudom, talán mozi___, vagy kávézó___, vagy diszkó___.

V. 다음에 적합한 접미사를 쓰시오. (Hol vagytok?)

- Otthon vagytok?
- Nem, már megyünk a piac____ és a virágbolt____.

- Hol vagytok?
- Most megyünk a stadion____, a magyar-német meccs____!

- Ti hová mentek?
- Mi a strand____. És ti?
- Mi az uszoda____.

- Megyek a posta____. Ott van bankautomata, ugye?
- Szerintem nincs. Miért nem megyünk inkább a bank____?

176

12 / 1. 어디에 가는지 잘 들어본 후, 그림 아래 빈칸에 시간을 기입하시오.

(Mikor hol leszel holnap?)

Pl.: : „Holnap délelőtt az egyetemre megyek."

a. Kati

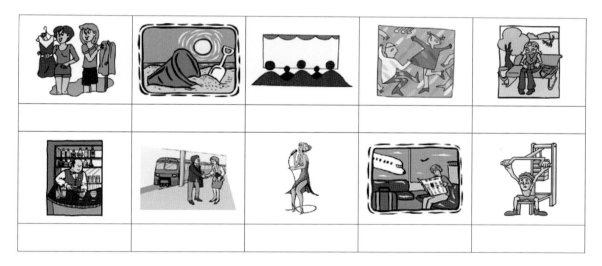

délelőtt				

b. Peti

ebédel	점심 식사를 하다	to have lunch
feliratos	자막이 있는	subtitled
Hánykor?	몇 시에?	What time?
haza	집으로 / 집에	home
Hová?	어디에?	Where to?
ide	여기에	(to) here
klub	클럽	club
körül	쯤	about
lift	엘리베이터	elevator
máskor	다른 때에	at another time
megint	다시	again
megy	가다	to go
mindig	늘 / 항상	always
mindjárt	금방	immediately
szinkronizált	더빙된	dubbed
talán	아마	perhaps

Mit csinálsz? (2)

(뭐 하세요?)

A diák és a menedzser (학생과 매니저)

I. 먼저 주어진 문장을 읽고 내용이 맞는지 틀린지 표시하고 지문을 읽고 확인하시오.

   (Szerinted igaz vagy hamis?)

1. A diák drága étteremben ebédel.   _____
2. A diák délelőtt és délután tanul.   _____
3. A menedzser este sörözik.   _____
4. A menedzser sok kávét iszik.   _____
5. A diák és a menedzser is ír e-mailt.   _____
6. A menedzser nem ebédel.   _____

13 / A. A diák (학생).

Reggel négykor **hazamegyek. Alszom** egy kicsit, aztán fél kilenckor az egyetemre **megyek.**
Iszom egy erős kávét, mert nagyon álmos **vagyok.** Délelőtt az egyetemen **vagyok,** ott
ebédelek a büfében, aztán **iszom** egy kávét.

Délután a könyvtárban **vagyok. Tanulok, olvasok,** e-mailt **írok.**

Utána **hazamegyek,** és **eszem** egy szendvicset.

Este koncertre **megyek.** Tomi is **jön.** Utána **hazamegyünk, rendelünk** egy pizzát,
sörözünk, és **beszélgetünk.** Egy kicsit alszunk, aztán **iszunk** egy kávét.☺

(아침 4시에 집에 가요. 조금 잔 후에 8시 반에 대학교에 가요. 많이 졸려서 진한 커피 한 잔을 마셔요. 오전에 대학교에서
공부하고 학교 스낵바에서 점심을 먹고 커피 한 잔을 마셔요. 오후에는 도서관에 있어요. 공부하고 읽고 이메일을 작성해요.
그 후에는 집에 가서 샌드위치 한 개를 먹어요. 저녁에 콘서트에 가요. Tomi도 와요. 그 다음에는 집에 가서 피자 한 판
시켜서 맥주 마시며 이야기해요. 조금 잔 후에 커피 한잔을 마셔요. ☺)

13 / B. 🗣️ A menedzser (매니저)

Reggel háromnegyed nyolckor már az irodában **vagyok**. Egész nap **dolgozom**. **Telefonálok**, e-mailt **írok**. Délben a Hiltonban **találkozom** néhány angol kollégával, és együtt **ebédelünk**. Délután **teniszezem** vagy **úszom** egy órát. Utána a Hiltonban **vacsorázom** egy német kollégával. Tizenegykor **hazamegyek**. Fél 12-kor már **alszom**, mert reggel Rómába **utazom**.

(아침 7시 45분에 이미 사무실에 있어요. 하루 종일 일해요. 전화도 하고 이메일도 작성해요. 정오에 Hilton에서 영국 동료 몇 명을 만나서 같이 점심을 먹어요. 오후에 테니스를 치거나 한 시간 동안 수영을 해요. 그 후에 Hilton에서 독일 동료와 함께 저녁을 먹어요. 11시에 집에 가요. 아침에 로마에 가야하니까 11시 30분에 잠자리에 들어요.)

eszik (valamit) (…을 / 를 먹다)	iszik (valamit) (…을 / 를 마시다)	alszik (잠을 자다)	dolgozik (일하다)
úszik (수영하다)	utazik (여행하가 / 여행을 가다)	találkozik (valakivel) (…을 / 를 만나다)	

2. főnév → ige (명사 → 동사)

명사를 동사화하기

모음으로 끝나는 명사 + -zik	
bicikli → biciklizik (자전거 → 자전거를 타다)	reggeli → reggelizik (아침 식사 → 아침 식사를 하다) foci → focizik (축구 → 축구를 하다) kávé → kávézik (커피 → 커피를 마시다) tévé → tévézik (텔레비전 → 텔레비전을 보다) buli → bulizik (파티 → 파티에 참여하다)
vacsora → vacsorázik (저녁 식사 → 저녁 식사를 하다)	fotó → fotózik (사진 → 사진을 찍다) tea → teázik (차 → 차를 마시다)

자음으로 끝나는 명사 (mély és vegyes) + -ozik	
 Nap → napozik (해 → 일광욕을 하다)	biliárd → biliárdozik (당구 → 당구를 치다) sakk → sakkozik (체스 → 체스를 하다) bor → borozik (와인 → 와인을 마시다)
자음으로 끝나는 명사 (magas) + -ezik	
 tenisz → teniszezik (테니스 → 테니스를 치다)	
자음으로 끝나는 명사 (magas) + -özik	
sör → sörözik (맥주 → 맥주를 마시다)	

2. Mit csinálsz? (뭐 하세요?)

-ik으로 끝나는 동사의 현재 활용형 (단수형, 복수형)

	인칭대명사	mély és vegyes	magas		접미사
				마지막 모음: ö, ő, ü, ű	
		úszik	eszik	sörözik	
1인칭	(én) (저는)	úszom	eszem	sörözöm	-om, -em, -öm
2인칭	(te) (당신은, informal)	úszol	eszel	sörözöl	-ol, -el, -öl
	(ön) (당신은, formal)	úszik	eszik	sörözik	ø
3인칭	(ő) (이/그 사람은)				
1인칭	(mi) (우리는/저희는)	úszunk	eszünk	sörözünk	-unk, -ünk
2인칭	(ti) (당신들은, informal)	úsztok	esztek	söröztök	-tok, -tek, -tök
	(önök) (당신들은, formal)	úsznak	esznek	söröznek	-nak, -nek
3인칭	(ők) (이/그 사람들은)				

I. 박스 안에 있는 단어들을 각각의 범주에 맞게 분류하시오. (Melyik szó hová jó?)

borozik	biciklizik	bulizik	focizik	fotózik	kávézik	sörözik
számítógépezik		teázik	teniszezik	tévézik	úszik	utazik

iszik valamit	sport	hobbi (de nem sport)
borozik		

II. 다음 빈칸에 명사나 동사를 쓰시오.

	명사		동사
a.	tenisz	→	*teniszezik*
b.	reggeli		
c.	foci		
d.			biliárdozik
e.	buli		
f.	kávé		
g.			teázik
h.	sör		
i.			borozik
j.			tévézik

III. 동사의 인칭을 고르시오. **2개가** 맞는 경우도 있습니다.

		én	te	Ön	ő	mi	ti	Önök	ők
Pl.:	0. Isz<u>om</u> egy teát.	[én]	te	Ön	ő	mi	ti	Önök	ők
	1. Ma otthon ebédelek.	én	te	Ön	ő	mi	ti	Önök	ők
	2. Este találkozom Petrával.	én	te	Ön	ő	mi	ti	Önök	ők
	3. Holnap Japánba utazom.	én	te	Ön	ő	mi	ti	Önök	ők
	4. Mit írsz?	én	te	Ön	ő	mi	ti	Önök	ők
	5. Hol dolgozol?	én	te	Ön	ő	mi	ti	Önök	ők
	6. Kit keres?	én	te	Ön	ő	mi	ti	Önök	ők
	7. Hol eszel?	én	te	Ön	ő	mi	ti	Önök	ők
	8. Hová utazik?	én	te	Ön	ő	mi	ti	Önök	ők
	9. Beszélgetünk?	én	te	Ön	ő	mi	ti	Önök	ők
	10. Mikor kirándulunk?	én	te	Ön	ő	mi	ti	Önök	ők
	11. Esztek még valamit?	én	te	Ön	ő	mi	ti	Önök	ők
	12. Filmet néztek?	én	te	Ön	ő	mi	ti	Önök	ők
	13. Mikor utaznak?	én	te	Ön	ő	mi	ti	Önök	ők
	14. Kit keresnek?	én	te	Ön	ő	mi	ti	Önök	ők
	15. Főzöl valamit este?	én	te	Ön	ő	mi	ti	Önök	ők
	16. Főzünk valamit este?	én	te	Ön	ő	mi	ti	Önök	ők
	17. Hová utazol?	én	te	Ön	ő	mi	ti	Önök	ők
	18. Hová utazik?	én	te	Ön	ő	mi	ti	Önök	ők
	19. Itt vacsorázol?	én	te	Ön	ő	mi	ti	Önök	ők
	20. Itt vacsoráztok?	én	te	Ön	ő	mi	ti	Önök	ők

IV. 동사의 원형을 쓰시오.

Pl.: eszel - _eszik_

a. iszom - _____

b. utaznak - _____

c. dolgozunk - _____

d. biciklizik - _____

vacsoráztok - _____

találkozom - _____

söröznek - _____

úszom - _____

184

V. 인칭에 따라 적합한 접미사를 쓰시오.

	én	te	ön, ő	mi	ti	önök, ők
táncol énekel ül	táncol___ énekel___ ül___	táncol___ énekel___ ül___	táncol___ énekel___ ül___	táncol___ énekel___ ül___	táncol___ énekel___ ül___	táncol___ énekel___ ül___
hoz úszik	hoz___ úsz___	hoz___ úsz___	hoz___ úsz___	hoz___ úsz___	hoz___ úsz___	hoz___ úsz___
vesz eszik	vesz___ esz___	vesz___ esz___	vesz___ esz___	vesz___ esz___	vesz___ esz___	vesz___ esz___
főz sörözik	főz___ söröz___	főz___ söröz___	főz___ söröz___	főz___ söröz___	főz___ söröz___	főz___ söröz___

VI. 인칭에 따라 동사들을 적합한 형태로 표현하시오.

ÉN

Majd később!

1. - Most internetezel?

    - Most nem, de majd később _____ (ír) egy e-mailt.

2. - Eszünk egy pizzát?

    - Nem, majd később _____ (főz) valamit.

3. - Kér reggelit?

    - Köszönöm nem. Majd később _____ (reggelizik).

4. - Kér pizzát?

    - Köszönöm nem, majd később _____ (vacsorázik).

TE

a. -s, -sz, -z

1. (te) keres → Kit keres____ ?
2. (te) olvas → Mit olvas____?
3. (te) főz → Mit főz____?
4. (te) vesz → Mit vesz____?

b. -s,-sz,-z + ik

1. (te) utazik → Mikor utaz____?
2. (te) iszik → Mit isz____?
3. (te) eszik → Esz____ valamit?
4. (te) dolgozik → Hol dolgoz____?

ÖN

Ön utazik?

Hová _____ (utazik)? Münchenbe? Mikor _____ (indul)? Mit _____ (csinál) Münchenben? A szállodában _____ (vacsorázik)? Ott is _____ (reggelizik)? _____ (iszik) majd sok sört? ☺ Mikor _____ (jön) haza?

Ő

Ő miért nem...?

Pl.: Te még mindig dolgozol? Péter miért nem _____*dolgozik*___?

1. Csak te táncolsz? Anna miért nem _____ ?
2. Te mindig írsz levelet, Péter miért nem _____ ?
3. Mindig te főzöl. Zsuzsi miért nem _____ ?
4. Te mindig eszel! Dávid mikor _____?

TI

Tényleg?

Pl.: Szombaton mindig <u>teniszezünk</u>.

○ Tényleg? És hol *teniszeztek*?

- <u>Keresünk</u> egy jó lakást.
  ○ Tényleg? És milyen lakást _____?

- Holnap <u>utazunk</u>.
  ○ Tényleg? És hová _____?

- Ma este <u>főzünk</u>.
  ○ Tényleg? És mit _____?

- Péntek este <u>táncolunk</u>.
  ○ Tényleg? És hol _____?

186

ÖNÖK

Utaznak?

Hová _____ (utazik)? Prágába? Mikor _____ (indul)?

Mit _____ (csinál) Prágában?

A szállodában _____ (vacsorázik)? Ott is _____ (reggelizik)?

_____ (iszik) majd sok sört? Mikor _____ (jön) haza?

ŐK

Peti és Kati Olaszországban

Pénteken _____ (utazik) Rómába. Reggel 5-kor _____ (indul), délelőtt már

Rómában egy kávézóban _____ (reggelizik). Este a városban _____

(vacsorázik). Sok tésztát és pizzát _____ (eszik). Vasárnap _____ (jön) haza,

hétfőn már _____ (dolgozik).

VII. 박스 안에 있는 동사들을 적합한 인칭으로 쓰시오.

ÉN

utazik	találkozik	eszik	iszik	ír

a. _____ egy szendvicset.

b. _____ egy teát.

c. _____ egy e-mailt.

d. Ma _____ Kínába.

e. Kedden _____ Katival a kávézóban.

TE

dolgozik	utazik	eszik	iszik	főz

a. _____ egy hamburgert?

b. _____ egy kólát?

c. Mikor _____ Kínába?

d. Mit _____? Gulyáslevest?

e. Vasárnap is _____?

ÖN

	él	utazik	találkozik	kér

a. Ön Budapesten _____ ?

b. A Tanárnő mikor _____ Angliába?

c. Ön mit _____ ?

d. Mikor _____ Annával?

Ő

	jön	találkozik	iszik	teniszezik	eszik

a. Ki _____ salátát?

b. Ki _____ még bort?

c. Kivel _____ Zsófi este a mozi előtt?

d. Mikor _____ a busz?

e. Hol _____ Andrea? Münchenben?

MI

	reggelizik	utazik	tanul	eszik	iszik	vacsorázik

a. _____ egy sajtburgert?

b. Mi a büfében _____ .

c. Holnap Londonba _____.

d. Ma magyart _____.

e. Nem _____ egy kávét?

f. Ma étteremben _____ .

TI

	főz	úszik	tanul	utazik	iszik

a. _____ egy sört?

b. Miért _____ Londonba?

c. Mit _____ az egyetemen?

d. Nem _____ egy kávét?

e. Melyik uszodában _____? A Sportuszodában?

188

ŐK

táncol	úszik	sörözik	biliárdozik	focizik

Peti és András:

Hétfőn _____ az uszodában, kedden _____ a biliárdklubban, csütörtökön _____ a kocsmában, pénteken _____ a diszkóban, vasárnap pedig _____ a stadionban.

VIII. 다음 동사들을 올바른 인칭으로 표현하시오.

a. (én) utazik   →   Holnap utaz____ haza.

b. (mi) teázik   →   Ma délután tea____?

c. (ő) focizik   →   Nikosz nem jön ma, fociz____.

d. (mi) biciklizik   →   Bicikliz____ a hétvégén?

e. (ön) vacsorázik   →   Mikor vacsora____?

f. (ön) dolgozik   →   Ön hol dolgoz____?

IX. 이번 주에 무엇을, 언제, 어디에서 할 것인지 써 보시오.

Mit csinálsz a héten? (Mikor, hol?)

_____

_____

_____

_____

_____

_____

_____

_____

I. **Kati**와 **Peti**는 아래 장소들에서 무엇을 하는지 써 보시오.

Mit csinálnak...

   a. a könyvtárban ? _____

   b. a strandon? _____

   c. otthon? _____

   d. Párizsban nyáron? _____

   e. a klubban? _____

   f. a bevásárlóközpontban? _____

II. 다음 글을 완성하시오.

a. **A diák**

alszom	beszélgetünk	internetezem	iszom	leszek	találkozom

Reggel négykor Tomival _____, és _____. Nem _____ sokat, kilenckor már az egyetemen _____. A büfében _____ egy kávét. Délelőtt tanulok, és az egyetemen eszem. Délután a könyvtárba megyek, ott tanulok, aztán _____.

koncertre	otthon	sokat	szendvicset	táncolunk

Délután _____ leszek. Ötkor csinálok egy _____.

Este megyek a _____. Andris és Peti is jön. Sörözünk és

_____. Csak négy órakor vagyok otthon, nem alszom

_____.

b. A menedzser

telefonálok	ebédelek	vacsorázom	indulok

Reggel nyolc előtt már dolgozom. _____, e-mailt írok...

Aztán a Kempinskiben _____ .

Délután teniszezem, vagy uszodába megyek. Este egy drága étteremben

_____. Reggel korán _____

a repülőtérre, mert utazom Rómába.

III. 다음에 알맞은 질문을 완성하시오.

Pl.:

- A Gundelben ebédelek és otthon vacsorázom.

  ○ *Hol ebédelsz?*

- Péntek este táncolok, szombaton kirándulok.

  ○ _____ _____?

- Jövök, csak iszom egy Mojitót.

  ○ _____ _____ ?

- Holnap moziba megyek, holnapután színházba.

  ○ _____ _____ holnap?

13 / 1. 잘 들어본 후, 동사의 인칭을 고르시오. 정답이 두 개가 될 수도 있습니다.

(én, te, ön, ő, mi, ti, önök, ők? Két megoldás is lehet!)

Pl.: 👤💬 : „Jövök!"

0.	én	te	Ön	ő	mi	ti	Önök	ők
1.	én	te	Ön	ő	mi	ti	Önök	ők
2.	én	te	Ön	ő	mi	ti	Önök	ők
3.	én	te	Ön	ő	mi	ti	Önök	ők
4.	én	te	Ön	ő	mi	ti	Önök	ők
5.	én	te	Ön	ő	mi	ti	Önök	ők
6.	én	te	Ön	ő	mi	ti	Önök	ők
7.	én	te	Ön	ő	mi	ti	Önök	ők
8.	én	te	Ön	ő	mi	ti	Önök	ők
9.	én	te	Ön	ő	mi	ti	Önök	ők
10.	én	te	Ön	ő	mi	ti	Önök	ők
11.	én	te	Ön	ő	mi	ti	Önök	ők
12.	én	te	Ön	ő	mi	ti	Önök	ők
13.	én	te	Ön	ő	mi	ti	Önök	ők
14.	én	te	Ön	ő	mi	ti	Önök	ők
15.	én	te	Ön	ő	mi	ti	Önök	ők
16.	én	te	Ön	ő	mi	ti	Önök	ők
17.	én	te	Ön	ő	mi	ti	Önök	ők
18.	én	te	Ön	ő	mi	ti	Önök	ők
19.	én	te	Ön	ő	mi	ti	Önök	ők

13 / 2. 주말 일정을 잘 들어본 후, 그림 아래에서 맞는 순서를 쓰시오.
(Hétvégi program)

- Mit csinálunk szombaton?
- Hát, sokat alszunk! ☺ És ...

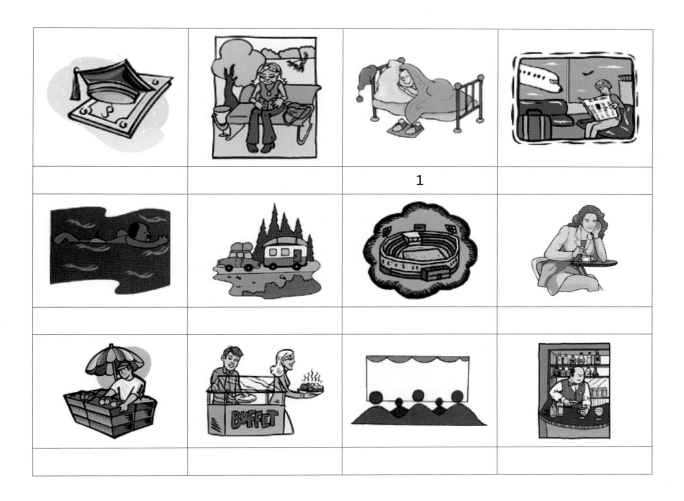

alszik	잠을 자다	to sleep
barna	갈색	brown
beszélget	이야기하다	to talk
biciklizik	자전거를 타다	to cycle
biliárd	당구	biliard
biliárdozik	당구를 치다	to play biliard
borozik	와인을 마시다	to drink wine
buli	파티	party
bulizik	파티에 참여하다	to party
dolgozik	일하다	to work
egész	전체	whole
együtt	같이 / 함께	together
énekel	노래를 부르다	to sing
erős	강하다	strong
eszik	먹다	to eat
focizik	축구를 하다	to play football
fotó	사진	photo
fotózik	사진을 찍다	to take a picture
gulyásleves (-t)	굴라시 수프(를)	goulash soup
hobbi	취미	hobby
internetezik	인터넷을 사용하다	to use internet
iszik	마시다	to drink
ír	쓰다	to write
kávézik	커피를 마시다	to drink coffee
később	이따가 / 나중에	later
kirándul	여행하다 / 등산하다	to take a trip
korán	일찍	early
levél	편지	letter
menedzser (-t)	매니저(를)	manager
Nap	해 / 태양	sun
napozik	일광욕을 하다	to sunbathe
néhány	몇 개	some
reggeli	아침 식사	breakfast
reggelizik	아침 식사를 하다	to have breakfast

repülő	비행기	aeroplane
sakk	체스	chess
sakkozik	체스를 하다	to play chess
sörözik	맥주를 마시다	to drink beer
sport	운동	sport
sportuszoda	운동 수영장 / (스포츠) 수영 경기장	swimming stadium
számítógépezik	컴퓨터를 이용하다	to use computer
találkozik	만나다	to meet
teázik	차를 마시다	to have tea
telefonál	전화를 걸다	to phone
tenisz (-t)	테니스(를)	tennis
teniszezik	테니스를 치다	to play tennis
tévézik	텔레비전을 보다	to watch television
titkárnő	비서 (여자)	secretary
úszik	수영하다	to swim
utazik	여행을 가다	to travel
vacsora	저녁 식사	dinner
vacsorázik	저녁 식사를 하다	to have dinner

Kivel? Mivel?

(누구와 (같이)?/무엇으로? 무엇과 함께)

14 / A. 👥 Mivel jössz?
(무엇을 타고 와요?)

- Szia! Te is jössz este a klubba?
  (안녕! 당신도 저녁에 클럽에 와요?)

- Igen, de nem tudom hol van.
  (네, 그런데 어디에 있는지 몰라요.)

- A Király utcában.
  (Király가(도로)에요.)

- Hol van a Király utca?
  (Király가가 어디에 있어요?)

- Hm... Ha a <u>kettes metróval</u> mész négy megállót, és utána <u>gyalog</u>, akkor kb. 20 perc.
  (음… 지하철 2호선으로 네 정거장 간 후, 걸어서 약 20분 걸려요.)

  Vagy ha <u>villamossal</u> mész, akkor is 20 perc.
  (아니면, 전차로 가는 경우에도 약 20분 정도 걸려요.)

  Gyalog kicsit messze van. ☺
  (걸어서는 좀 멀어요.)

  Vagy ha <u>a 16-os busszal</u> mész a Deák térre és utána gyalog, akkor kb. 30 perc.
  (아니면 16번 버스로 Deák 광장까지 가서 걸어가면 약 30분이 걸려요.)

- Rendben, köszönöm. Szerintem <u>villamossal</u> megyek. Te hánykor jössz?
  (알겠어요, 고마워요. 전차로 가려고 해요. 당신은 언제 와요?)

- Szerintem fél 7-kor.
  (6시 반에 가려고 해요.)

- És mivel megyünk haza?
  (나중에 집에 어떻게 가요?)

- Szerintem az utolsó villamossal éjfélkor, vagy az első busszal reggel.
  (제 생각에는 12시에 마지막 전차로, 아니면 아침에 첫 버스로 가면 돼요.)

14 / B. 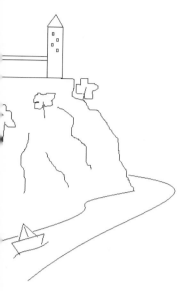 Megyünk Visegrádra!

(Visegrád에 가요!)

● Itt van a hétvége!
(주말이에요!)

○ Igen, én is nagyon örülök. Te mit csinálsz a hétvégén?
(네, 저도 정말 기뻐요. 주말에 무엇을 할 거예요?)

● Megyünk Nórával, Petivel és Gáborral Visegrádra. Nem jössz?
(Nóra와 Peti와, 그리고 Gábor과 같이 Visegrád에 갈 건데, 안 올래요?)

○ Visegrád? Az hol van?
(Visegrád요? 어디에 있는데요?)

● A Duna mellett. Nagyon szép hely, van ott egy vár is.
(Duna강 옆에요. 정말 예쁜 곳이고 성도 있어요.)

○ És mivel mentek? Biciklivel?
(그럼 어떻게 가요? 자전거로요?)

● Nem, biciklivel messze van. Szerintem busszal megyünk, vagy hajóval.
(아니요, 자전거로는 멀어요. 우리는 버스나 배로 갈 생각이에요.)

○ Hajóval? Jó ötlet..., de nem drága?
(배로요? 좋은 생각인데… 비싸지 않아요?)

● Nem, nem drága. Diákigazolvánnyal elég olcsó. Na, jössz?
(네, 비싸지 않아요. 학생증이 있으면 많이 싸요. 그럼 올래요?)

○ Jó, jövök. És mikor megyünk? Szombaton vagy vasárnap?
(그래요, 갈게요. 그럼 언제 갈까요? 토요일 혹은 일요일?)

● Vasárnap megyünk, mert szombaton Szentendrére megyek.
(일요일에 가요. 왜냐하면 저는 토요일에 Szentendre에 가요.)

○ Szentendre? Az hol van? ☺
(Szentendre요? 거기 어디에 있어요?)

14 / C.  Ez a busz megy...?

(이 버스는 …에 가요?)

- Elnézést! Ez a busz megy Visegrádra?

  (실례지만 이 버스는 Visegrád에 가나요?)

- Nem ez csak Szentendrére megy.

  (아니요, 이 버스는 Szentendre까지만 가요.)

Mivel mész?
(무엇을 타고 가요?)

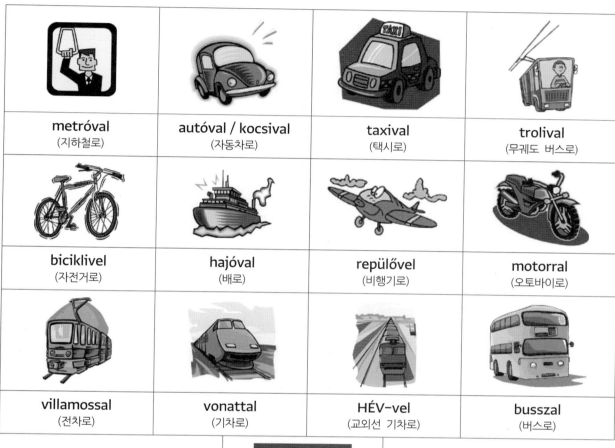

metróval (지하철로)	**autóval / kocsival** (자동차로)	**taxival** (택시로)	**trolival** (무궤도 버스로)
biciklivel (자전거로)	**hajóval** (배로)	**repülővel** (비행기로)	**motorral** (오토바이로)
villamossal (전차로)	**vonattal** (기차로)	**HÉV-vel** (교외선 기차로)	**busszal** (버스로)

gyalog
(걸어서)

1. Ez a ..., az a ... (이… 저…)

Ez a busz megy a várba? (이 버스는 성에 가는 버스예요?) 	Nem, az a busz megy a várba. (아니요, 성에는 저 버스가 가요.)

2. Kivel? / Mivel? (누구와 (같이)? / 무엇으로? / 무엇과 같이?)

–val (mély és vegyes)	–vel (magas)
모음으로 끝나는 명사	
metróval (지하철로) autóval (자동차로) hajóval (배로) kocsival (자동차로) taxival (택시로) Ildikóval (Ildikó와 같이) Kativel (Kati와 같이)	repülővel (비행기로) HÉV-vel (교외 기차로) Gergővel (Gergő와 같이) biciklivel (자전거로) Timivel (Timi와 같이)
마지막 글자가 변함: a → á	마지막 글자가 변함: e → é
alma → almával (사과와 같이) Olga → Olgával (Olga와 같이)	zsemle → zsemlével (잼래빵과 같이) Bence → Bencével (Bence와 같이)
자음으로 끝나는 명사	
villamos + -val → villamossal (전차로) Bálint + val → Bálinttal (Bálint과 같이) busz + -val → busszal (버스로)	kenyér + -vel → kenyérrel (빵과 같이) Péter + -vel → Péterrel (Péter와 같이)

3. Hányas? / Melyik? (–os / –as / –es / –ös) (어느? / 몇 번?)

Hány? (몇)	Hányas? / Melyik? (몇 번? / 어느?)	
egy (하나)	egyes (1번)	1-es (1번)
kettő (둘)	kettes (2번)	2-es (2번)
három (셋)	hármas (3번)	3-as (3번)
négy (넷)	négyes (4번)	4-es (4번)
öt (다섯)	ötös (5번)	5-ös (5번)
hat (여섯)	hatos (6번)	6-os (6번)
hét (일곱)	hetes (7번)	7-es (7번)
nyolc (여덟)	nyolcas (8번)	8-as (8번)
kilenc (아홉)	kilences (9번)	9-es (9번)
tíz (열)	tízes (10번)	10-es (10번)
húsz (스물)	húszas (20번)	20-as (20번)

→ busz (버스), villamos (전차), terem (교실), szoba (방), cipő (구두)...

4. Ha..., akkor... (…면 …)

Ha a 7-es busszal mész,	(akkor) 10 perc.	7번 버스로 가면 10분이 걸려요.
Ha metróval mész,	(akkor) negyed óra.	지하철로 가면 15분이 걸려요.

I. 빈칸에 적합한 알파벳을 선택하시오. (Melyik betű jó?)

o – ó	s – sz	a – o
metr__	bu___	m__t__r
aut__	villamo___	__utó
tr__li		v__n__t
haj__		vill__m__s

	x – cs	h__jó
	ta__i	gy__l__g
	ko__i	

II. 다음의 단어를 사용해서 질문을 완성하시오.

Pl.: busz - Deák tér   *Elnézést, ez a busz megy a Deák térre?*

   a. troli - Király utca   _____

   b. hajó - Bécs   _____

   c. busz - a repülőtér   _____

   d. metró - Kossuth tér   _____

   e. villamos - Déli pályaudvar _____

III. 다음에 맞는 접미사를 쓰고 무엇을 타고 가는지 연결하시오.

Pl. : Amszterdam - repülő

Amszterdamba repülővel megyünk.

0. Amszterdam*ba*
1. Jeju___
2. Busan___
3. Szöul___
4. Japán___
5. a színház___
6. bevásárlóközpont___
7. München___
8. a repülőtér___
9. az egyetem___
10. a posta___

a. gyalog
b. metróval
c. repülővel
d. kocsival
e. vonattal
f. biciklivel
g. busszal
h. taxival
I. hajóval

IV. 보기와 같이 이야기하시오.

a. Mivel ...?

Pl.:

○ Mivel mész
  a postára?

● Villamossal.

vonat	hajó
metró	villamos
busz	taxi
troli	gyalog
HÉV	
repülő	
bicikli	

b. Messze van?

Pl.:

... perc
... óra

● A strand
  messze van?

○ Nem, nincs. Busszal 5 perc.
  / Igen, messze van.
  Villamossal 40 perc.

V. 다음 문장에 맞는 접미사를 쓰시오.

● Mivel mész a Nyugatiba?
○ A hármas metróval, vagy a 206-___ busszal, vagy a 4-___-6-___ villamossal.

● Mivel mész a Keletibe?
○ A 7-___ vagy 178-___ busszal vagy a 2-___ metróval.

● Mivel mész a Délibe?
○ A 2-___ metróval, vagy a 18-___, 56-___, vagy 59-___ villamossal.

● Mivel mész a repülőtérre?
○ A 200-___ busszal, vagy taxival.

● Mivel mész a Hősök terére?
○ A 75-___ trolival vagy a 105-___ busszal vagy az 1-es metróval
  (a Kisföldalatti___).

VI.  보기와 같이 이야기해 보시오. (Hol van az óra?)

Pl.: anatómia – 115

- Hol van hétfőn az anatómia?
- A 115-ös teremben.

    a. biológia – 108   c. latin – 212   e. fizika – 5

    b. magyar – 109   d. kémia – 1   f. kémia – 6

VII.  누구와 같이 헝가리어 수업을 하는지 이야기해 보시오.
      (Kivel vagy egy csoportban magyarórán?)

_____

_____

_____

VIII. 아래 음식이나 음료 중에서 같이 먹으면 좋지 않은 것을 고르시오. (Mi mivel nem jó?)

Pl.: KÁVÉ + cukorral, tejjel, ~~pirospaprikával~~

A kávé nem jó pirospaprikával.

 kakukktojás (뻐꾸기 알)
→ 성격이 다른 단어를 찾는 연습 문제에 사용하는 표현

1. a KENYÉR + vajjal, sajttal, naranccsal, lekvárral

2. a SPAGETTI + paradicsommal, sajttal, csokoládéval, ketchuppal

3. a HAMBURGER + cukorral, salátával, sült krumplival, ketchuppal

4. a TEA + mézzel, sóval, tejjel, cukorral

IX. 🐵🐵 다음 그림과 보기를 보고 음식을 주문해 보시오.

Az étteremben

'Sok / kevés ..val / vel' (많은 / 적은 …과 / 와 같이)

Pl.: pizza - (sok / kevés) sajt

- Mit kér?
○ Egy pizzát kérek sok sajttal!

X. 다음 숫자를 알맞게 쓰시오. (Hányas / hányadik?)

Pl.: _ötös_ busz (5)

a. _____ emelet (5)   d. _____ emelet (4)

b. _____ terem (6)   e. _____ metró (3)

c. _____ villamos (6)

XI. ✒ 다음의 이메일을 잘 읽고 답장을 써 보시오.

Írj választ!

Kedves _____!
Köszönöm a meghívást, megyek holnap este a buliba. Messze van a lakásod?
Kérsz valamit? Bort, gyümölcslét vagy süteményt?
Szia,
Kati

RE:

Kedves Kati!

I. 다음에 알맞은 단어를 채우시오.

Mivel mész? (pl.: autóval)

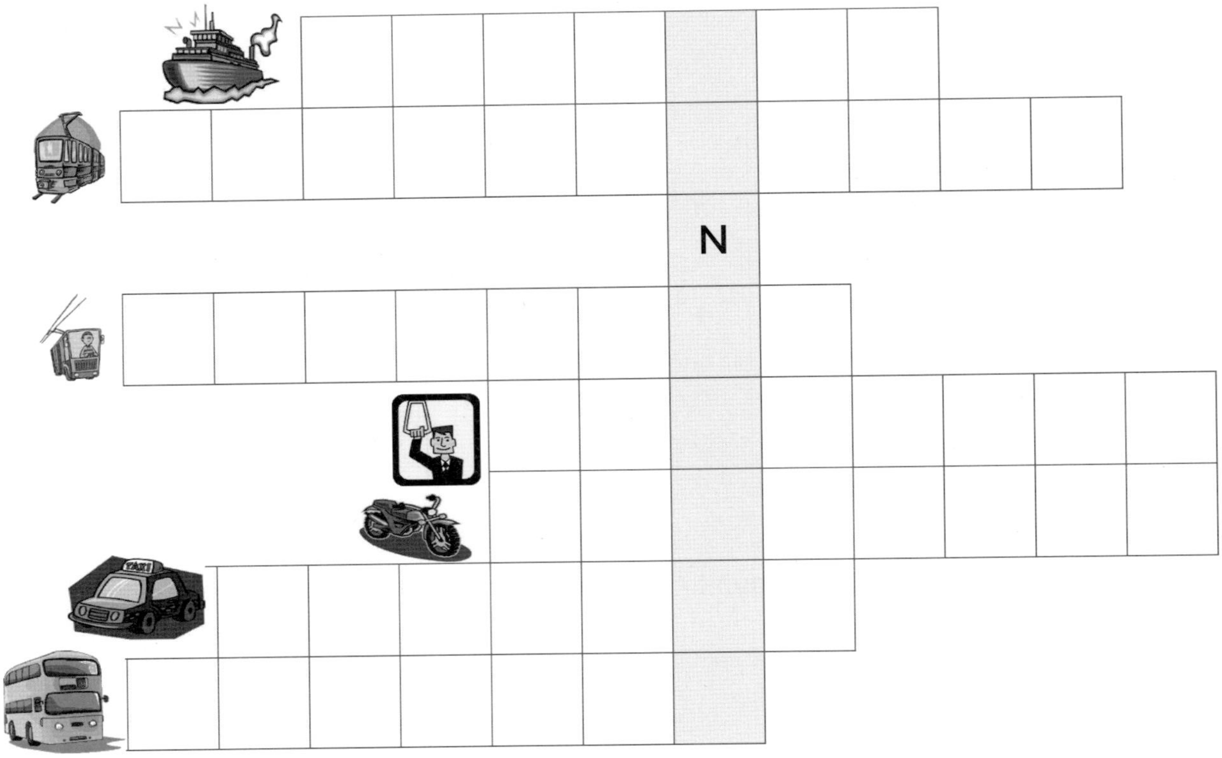

II. 한 사람은 **A**, 다른 한사람은 **B** 역할을 하면서, 질문과 답변을 완성하시오.

Pl.:

A: Mikor indul az első villamos?

B: Fél 5-kor.

A								
első	?	?	5.15	4.15	7.21	?	?	?
utolsó	22.30	15.45	?	?	?	23.10	17.45	22.05

B

első	4.30	?	9.20	?	?	4.55	11.30	5.50
utolsó	?	21.35	?	19.57	22.25	?	?	?

III. 보기와 같이 이야기해 보시오.

A repülőtéren

Pl.:

- Mivel utazol?
  - Lufthansával.

~~Lufthansa~~, Easy Jet, Ryanair, British Airways, Korean Air, Finnair, Wizzair, LOT, Air France, Aeroflot, Asiana Airlines

IV. 다음 대화를 완성하시오.

- Este mivel megyünk haza?
- A hetvenes troli_____ .

- Messze van a pályaudvar?
  - Igen.
- Jó, akkor taxi_____ megyünk.

- Mivel megyünk a Margit-szigetre?
  - A négyes-hatos villamos_____ .

- Mivel mentek az egyetemre?
  - A hetes _____ (busz).

- Metró_____ jöttök, vagy villamos_____?
  - Kocsi_____ . ☺

V. 보기와 같이 이야기해 보시오.

Pl.: Joe, uszoda   -   Péter könyvtár

- Szia! Délután megyünk Joe-val uszodába. Jössz te is?
- Nem jó, sajnos, Péterrel megyünk a könyvtárba.

a. Steffi, klub   -   Andi, kávézó

b. Sumi, koncert   -   Minsu, repülőtér

c. Kati, ruhabolt   -   Peti, meccs

d. Katarina, piac   -   Sandra, cipőbolt

14 / 1. 잘 들어본 후, 수업이 몇 층, 어느 교실에서 있는지 쓰시오.

(Bocsánat, hol van a magyaróra?)

Pl.: 🗣 : „A 123-as teremben, az első emeleten."

	terem	emelet
0.	*123*	*1*
1.		
2.		
3.		
4.		
5.		
6.		

14 / 2. 잘 들어본 후, 어느 전차 / 버스 / 무궤도 버스 / 지하철로 가야하는지 선택하시오.

(Hányas villamossal / busszal / trolival / metróval?)

Pl.: 🗣 : „Menjen a hetvenötös trolival!"

0.			*75*	
1.				
2.				
3.				
4.				
5.				
6.				
7.				
8.				
9.				
10.				

14 / 3. 잘 들어본 후, 어떤 교통수단이 얼마의 시간이 걸리는지 쓰시오. (Mivel mennyi idő?)

Pl.:

- A Margitsziget messze van?
- Nem, nincs messze. A 26-os busszal 10 perc.

	Hely	Hányas?	Mivel?	Mennyi idő?
0.	A Margitsziget messze van?	*26-os*	*busz*	*10 perc*
1.	Sziasztok! Messze van még a stadion?			
2.	Van itt a közelben egy uszoda?			
3.	Bocsánat, hol van itt egy jó étterem?			
4.	Szia! Van itt valahol egy internet-kávézó?			
5.	Csókolom! Hol van itt egy patika?			

14 / 4. 잘 들어본 후, 다음 주에 헝가리 수업이 어느 요일, 몇 시, 어느 교실에 있는지 써 보시오. (Hol és mikor lesz jövő héten a magyaróra?)

NAP	ÓRA	TEREM

autó	자동차	car
bicikli	자전거	bicycle
busz (-t)	버스(를)	bus
buszmegálló	버스 정류장	bus stop
diákigazolvány (-t)	학생증(을)	student card
Duna	다뉴브강	Danube
e-mail (-t)	이메일(을)	e-mail
este	저녁	evening
gyalog	걸어서	on foot
ha	만일 / -라면	if
hajó	배	boat
Hányas?	몇번	What number?
hétvége	주말	weekend
HÉV (-et)	교외선 기차(를)	commuter rail
ketchup	케첩	ketchup
Kisföldalatti	부다페스트 지하철 1호선	Underground Nr. 1 in Budapest
Kivel?	누구와 같이?	With whom?
kocsi	자동차	car
meghívás (-t)	초대(를)	invitation
metró	지하철	underground
Mivel?	무엇으로? / 무엇과 같이?	With / By what?
motor (-t)	오토바이(를)	motorbike
ötlet	발상 / 아이디어	idea
repül	날다	to fly
sziget	섬	island
troli	무궤도 버스	trolley
utána	그 다음에	after that
utolsó	마지막	the last
villamos (-t)	전차(를)	tram
vonat	기차	train

15. Budapest

(부다페스트)

1. 다음 그림들은 부다페스트에 있는 유명한 유적이나 건축물입니다. 빈 칸에 유적이나 건축물 이름을 쓰시오.

| Vár | Hősök tere | Gellérthegy | Parlament | Lánchíd |
| Halászbástya | Szépművészeti Múzeum | | állatkert | |

Vár

212

2. 질문에 맞는 답을 고르시오.

> ötkor, Zsuzsit, 600 forint, szendvicset, piros, a kék, mert álmos vagyok,
> ~~az esernyő~~, a tanárnővel, a diák, otthon, jobbra, borok, a nyolcadik, nyolcas,
> villamossal, nyolc, a magyarok, reggel, jó, haza

Mi?		*az esernyő*
Mik?		
Mit?		
Mivel?		
Miért?		
Milyen színű?		
Milyen?		
Ki?		
Kik?		
Kit?		
Kivel?	→	
Hol?		
Hová?		
Merre?		
Hány órakor?		
Mikor?		
Hány?		
Hányas?		
Hányadik?		
Mennyibe kerül?		
Melyik?		

3. 질문 단어들과 가운데에 있는 단어들을 사용해서 친구에게 질문해 보시오.

Pl.:

- Hol élsz?
- Budapesten élek.

Ki?	Mit?	Hol?	Merre?
Kivel?	csinál megy jön van kerül indul marad ad visz hoz vesz találkozik beszél utazik dolgozik eszik iszik reggelizik ebédel vacsorázik tanul főz olvas ír vásárol tévézik napozik sörözik kér kávézik él sportol teniszezik bulizik focizik táncol énekel teázik filmet néz úszik		Miért?
Mivel?			Hányadik?
Milyen?			Kik?
Hány órakor?			Mikor?
Hány?	Hová?	Mennyibe?	Hányas?

214

I. 다음 질문을 완성하고 올바른 답을 고르시오.

Magyarország és Budapest (헝가리와 부다페스트)

1. _____ ember él Budapesten?

   a. Kb. 2 millió.
   b. Kb. 5 millió.
   c. Kb. 0,5 (fél) millió.

2. _____ híd van a vár előtt?

   a. A Margit-híd.
   b. A Lánchíd.
   c. Az Erzsébet-híd.

3. _____ színű a villamos Budapesten?

   a. Sárga.
   b. Piros.
   c. Kék.

4. _____ fut sok ember?

   a. A Nemzeti Múzeum mellett.
   b. A Körúton.
   c. A Margitszigeten.

5. _____ van a Halászbástya?

   a. A várban.
   b. A Városligetben.
   c. A Margitszigeten.

6. _____ magyar étel?

   a. A hamburger.
   b. A pizza.
   c. A paprikás csirke.

7. _____ a gulyásleves?

   a. Édes.
   b. Sós.
   c. Éhes.

II. 다음 글들을 읽고 맞는 제목을 고르시오.

A. Milyen a budapesti közlekedés?

B. Mi van Budán és mi van Pesten?

C. Milyen az idő Magyarországon?

D. Milyen Magyarország?

E. Milyen ételek és italok vannak Magyarországon?

F. Milyen Budapest?

G. Mi van Buda és Pest között?

15 / 1.

4. _____?

Budán van a Budai Vár, a Mátyás-templom, a Halászbástya és a Gellérthegy. Pesten van a Parlament, a Bazilika és a Városliget, és itt van sok hotel, bevásárlóközpont és bolt is. A Városligetben van a Hősök tere, a Szépművészeti Múzeum, az állatkert, a cirkusz, és a Széchenyi-fürdő.

1. _____?

Magyarország Közép-Európában van, kb. 10 millió ember él itt.
Debrecen, Szeged, Pécs és Szentendre híres városok.
Nincsenek magas hegyek. Két nagy folyó van: a Duna és a Tisza. Vannak nagy tavak is: a Balaton és a Velencei-tó.

5. _____?

Buda és Pest között van a Margitsziget. A szigeten van sportuszoda, strand, színház, és vannak sörözők és éttermek is. Sokan futnak, bicikliznek, pihennek és napoznak. A Dunán kilenc híd van. A vár előtt van a Lánchíd. Ez volt az első híd Budapesten.

2. _____?

Négy évszak van: tavasz, nyár, ősz és tél. Nyáron meleg van, télen pedig nincs túl hideg. Nyáron 30-35 fok van, télen -10 fok is lehet.

6. _____?

Budapesten 3 metró van. A Kisföldalatti sárga, a kettes metró piros, a hármas metró kék. Budapesten kék buszok, sárga villamosok és piros trolik vannak.

3. _____?

Budapest a főváros. Kb. 2 millió ember él itt. Sok érdekes hely van Budapesten, van sok mozi, színház, múzeum. Vannak jó éttermek, kávézók, diszkók és boltok is. Sajnos nincs túl sok park, de vannak uszodák, fürdők és strandok.

7. _____?

Magyarországon sok sós étel van. Vannak kicsit csípős ételek is.
Sok paprikával és sóval főzünk. Tipikus magyar ételek: a gulyásleves, a paprikás krumpli és a paprikás csirke. A somlói galuska és a palacsinta finom desszertek.
A Tokaji és az Egri Bikavér híres magyar borok.

216

Milyen színű?
(무슨 색깔인가요?)

fehér	fekete	narancssárga	sárga
(하얀색)	(검은색)	(주황색)	(노란색)
rózsaszín	kék	zöld	barna
(분홍색)	(파란색)	(초록색 / 연두색)	(갈색)
piros	vörös	lila	szürke
(빨간색)	(붉은색)	(보라색)	(회색)

Milyen?
(어떤가요?)

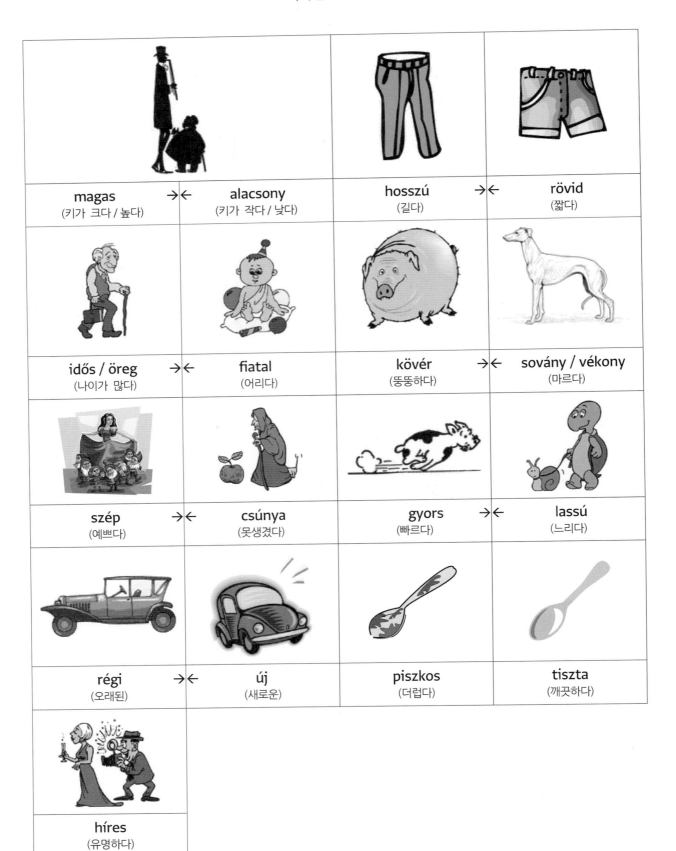

magas →← **alacsony**	**hosszú** →← **rövid**	
(키가 크다 / 높다) / (키가 작다 / 낮다)	(길다) / (짧다)	
idős / öreg →← **fiatal**	**kövér** →← **sovány / vékony**	
(나이가 많다) / (어리다)	(뚱뚱하다) / (마르다)	
szép →← **csúnya**	**gyors** →← **lassú**	
(예쁘다) / (못생겼다)	(빠르다) / (느리다)	
régi →← **új**	**piszkos**	**tiszta**
(오래된) / (새로운)	(더럽다)	(깨끗하다)
híres		
(유명하다)		

1. Mik? Kik? (무엇들? 누구들?)

명사의 복수형 접미사

모음으로 끝나는 명사	자음으로 끝나는 명사		
	mély és vegyes	magas	
			마지막 모음: ö, ő, ü, ű
-k	-ok	-ek	-ök
troli → trolik (무궤도 버스 → 무궤도 버스들) fürdő → fürdők (온천 → 온천들)	busz → buszok (버스 → 버스들) villamos → villamosok (전차 → 전차들) bor → borok (와인 → 와인들) magyar → magyarok (헝가리인 → 헝가리인들)	hegy → hegyek (산 → 산들) étel → ételek (음식 → 음식들) német → németek (독일인 → 독일인들) ! * könyv → könyvek (책 → 책들)	sör → sörök (맥주 → 맥주들) görög → görögök (그리스인 → 그리스인들)
마지막 글자가 변함: a → á e → é	-ak		
uszoda → uszodák (수영장 → 수영장들) zsemle → zsemlék (잼래빵 → 잼래빵들)	ház → házak (집 → 집들) vár → várak (성 → 성들) toll → tollak (펜 → 펜들) -i + -ak férfi → férfiak (남자 → 남자들) koreai → koreaiak (한국인 → 한국인들) amerikai → amerikaiak (미국인 → 미국인들)	-i + -ek budapesti → budapestiek (부다페스트 사람 → 부다페스트 사람들)	

불규칙 명사

tó → tavak (호수 → 호수들)
kanál → kanalak (숟가락 → 숟가락들)
tér → terek (광장 → 광장들)
levél → levelek (편지 → 편지들)
étterem → éttermek (식당 → 식당들)

2. Étterem, éttermek (식당 / 식당들)

Van Nincs	• egy, kettő, három, négy, öt, ... • néhány • sok • kevés	étterem.
Vannak Nincsenek	–	éttermek.

I. 다음에 올바른 단어를 쓰시오. (Milyen?)

Pl.: nem piszkos = *tiszta*

- nem magas = _____
- nem olcsó = _____
- nem szép = _____

- nem hideg = _____
- nem régi = _____
- nem sovány = _____

- nem nagy = _____
- nem tiszta = _____
- nem idős = _____

II. 다음 단어들 중 성격이 다른 단어를 고르시오. (Melyik szó nem jó?)

a. álmos, beteg, fiatal, hosszú

b. sós, édes, idős, finom

c. híres, éhes, kék, álmos

d. beteg, hideg, finom, sós

e. olcsó, drága, kicsi, szomjas

f. piros, új, fehér, zöld

kakukktojás (뻐꾸기 알)
→ 성격이 다른 단어를 찾는 연습 문제에 사용하는 표현

III. 다음 교통 수단의 색을 써 보시오. (Milyen színű?)

Milyen színű Budapesten...

- a troli? _____
- a villamos? _____
- a busz? _____
- a metró? _____

Milyen színű Koreában...

- a busz? _____
- a metró? _____
- a vonat? _____

IV. 형용사로 다음 문장들을 완성하시오.

a. Három hamburgert kérek! Nagyon éhes vagyok.

b. Nagyon _____ a hús! Már most szomjas vagyok.

c.   - Milyen a leves?

     - Nagyon _____ .

d.   - _____ a film?

     - Elég _____, csak 65 perc.

e. Csak 100 forint a kóla? Elég _____ .

f. Nagyon _____ a torta!

g. Három cukrot kérsz a kávéba? Nem lesz nagyon _____ ?

h.   - Milyen a sör?

     - Jó _____.

V. 다음 사람들의 국적을 쓰시오. (Honnan jönnek?)

Pl.: 0. Miki és Feri debreceni. Ők _*magyarok*_ .

a. Mike és Samantha Los Angeles-i. Ők _____ .

b. Jean és Julie párizsi. Ők _____ .

c. Hans és Jürgen frankfurti. Ők _____ .

d. Sumi és Minho jejui. Ők _____ .

e. Marco és Paolo milánói. Ők _____ .

f. Alex és Alina moszkvai. Ők _____ .

g. Miharu és Masami tokiói. Ők _____ .

h. Li és Csen pekingi. Ők _____ .

VI. 당신의 생각대로 답을 작성하시오.

> édes, sós, csípős, savanyú, híres, finom, nagy, kicsi, szép, gyors, lassú, jó, rossz, olcsó, drága, piszkos, tiszta

a. Magyarországon milyen ételek, italok, borok, desszertek vannak?

_____

b. Koreában milyen ételek, italok, borok, desszertek vannak?

_____

c. Magyarországon milyen városok vannak?

_____

d. Koreában milyen városok vannak?

_____

e. Milyen a magyar közlekedés?

_____

f. Milyen a koreai közlekedés?

_____

VII. 당신의 생각대로 형용사를 쓰고 이야기하시오.

Pl.: Amerikában nagy városok vannak.

	ételek	italok	városok	nők	férfiak
Magyarország					
Németország					
Olaszország			_nagy_		
Amerika					
Korea					
Kína					
Japán					
Vietnám					

VIII. 다음 글에 복수형 접미사를 쓰고 어디에서 대화하는지 고르시오.

a házibuliban	a könyvtárban	a diszkóban

a. _____

- Tessék, itt a svédasztal: itt vannak a sós és az édes sütemény____.
- De jó! És hol vannak az ital____?
- Ott az asztalon.

---

b. _____

- Sziasztok lány____!
- Sziasztok!
- Nem iszunk valamit?
- Jó, hol ültök?
- Ott a kék asztal____ mellett.
- Oké, mindjárt megyünk.

---

c. _____

- Elnézést, hol vannak a nyelvkönyv____?
- Ott a hosszú polc____ mellett.

IX. 접미사가 필요하면 접미사를 쓰고, 필요하지 않으면 'Ø'로 표현하시오.

	Büfében a. Itt van 2-3 nagyon finom torta____. b. Itt finom torta____ vannak.
	Szállodában c. Ez egy olcsó szálloda____. d. Itt sok olcsó szálloda____ van.
	Az utcán e. Ott jön egy taxi____! f. Ott jön két taxi____! g. Sok taxi____ van a városban?
	A városban h. Sok ember____ él Budapesten? i. Hány ember____ él Budapesten? j. Hány millió ember____ él a városban? l. Hétvégén hová mennek az ember____?

X. 똑같은 의미를 가진 다른 문장을 쓰시오.

a. Itt sok jó könyv van.   =   *Itt jó könyvek vannak .*

b. Itt 8-10 szép óra van.   = _____

c. Ott sok szép hegy van.   = _____

d. Ott sok olcsó hotel és étterem van.   = _____

e. Ott sok finom sütemény van.   = _____

XI. 접미사가 필요하면 접미사를 쓰고, 필요하지 않으면 'Ø'로 표현하시오.

Miért mész Olaszországba?

Mert ott szép hegy___ és folyó___ van___, és sok kis város___ is van___. Van___ sok szép tó___ és sok kedves ember___. És nagyon finom étel___ és bor___ is van___!

XII. 알맞은 단어로 채우시오.

1. Nagyon álmos.
2. Nem alacsony.
3. Nem olcsó.
4. Nem hosszú.
5. Például a kávé vagy a pirospaprika.
6. Már nem fiatal.

		1		2
3	4			
			5	
6				

idős = ____ ____ ____ ____

225

XIII.  다음 문장들로부터 글을 작성하시오.

Milyen a város / ország, ahol élsz?

- Hol van?
- Hány ember él ott?
- Milyen híres helyek vannak?
- Milyen tipikus ételek és italok vannak?
- Milyen a közlekedés?
- Mi mennyibe kerül?

15 / 1. 잘 들어본 후, 아래 내용이 몇 번 이야기의 주제인지 쓰시오.

(Melyik szövegben ez a téma?)

Pl.: 🗣 : „Három metróvonal van, sárga, piros, és kék.”

a. idő: _____

b. közlekedés: ___0___

c. Margitsziget: _____

d. Lánchíd: _____

e. Városliget: _____

15 / 2. 잘 들어본 후, 다음의 것들이 좋은지 안 좋은지 선택하시오.

(Jó (+) vagy nem jó (–)?)

Pl.: 🗣 : „Nagyon jó a sajt!”

0. A sajt? ___+___

1. A lakás? _____

2. A teszt? _____

3. A koncert? _____

4. A virág? _____

5. Kati? _____

6. Az internet? _____

alacsony	키가 작다 / 낮다	short
állatkert	동물원	zoo
Balaton (-t)	발라톤 호수(를)	lake Balaton
beszél	말하다	to speak
cirkusz (–t)	서커스(를)	circus
csúnya	못생겼다	ugly
él	살다	to live
érdekes	흥미롭다	interesting
fehér	하얀색	white
fekete	검은색	black
férfi (-t, férfiak)	남자(를, 남자들)	man
fiatal	어리다	young
fok	도	degree
folyó	강	river
főváros (-t)	수도(를)	capital city
fut	달리다	to run
fürdő	온천	bath
Gellérthegy	겔레르트 언덕	Gellért hill
gyors	빠르다	fast
Halászbástya	어부의 요새	Fishermen's Bastion
hegy	산	hill
híd (hidat)	다리(를)	bridge
híres	유명하다	famous
idő(járás)	날씨	weather
idős	나이가 많다	old
kedves	친절하다	nice, kind
kék	파란색	blue
Kik?	누구들?	Who? (plural)
kövér	뚱뚱하다	fat
Közép-Európa	중부유럽	Central-Europe
közlekedés (-t)	교통(을)	transport
Lánchíd	세체니 다리	Chainbridge
lány (-t)	소녀(를)	girl
lassú	느리다	slow

228

lila	보라색	purple
Margit-híd	머르기트 다리	Margaret bridge
Margitsziget	머르기트섬	Margaret-island
millió	백만	million
Milyen színű?	어떤 색깔?	What colour?
múzeum	박물관	museum
narancssárga	주황색	orange coloured
ország	나라	country
öreg	나이가 많다	old
Parlament	국회의사당	Parliament
pihen	쉬다	to relax
piros	빨간색	red
piszkos	더럽다	dirty
régi	오래된	old
rózsaszín	분홍색	rose
sárga	노란색	yellow
somlói galuska	솜로이 갈루쉬카	Somlói dumplings
sovány	마르다	thin
sportol	운동하다	to do sport
hotel	호텔	hotel
Szépművészeti Múzeum	부다페스트 미술관	Museum of Fine Arts
szürke	회색	grey
téma	주제	topic
templom	성당 / 교회	church
tipikus	대표적이다/전형적이다	typical
tiszta	깨끗하다	clean
tó (tavat, tavak)	호수(호수를, 호스들)	lake
új	새롭다	new
vár (várat, várak)	성(성을, 성들)	castle
vékony	1. 마르다 2. 얇다	thin
Velencei-tó	벨렌체 호수	Lake Velencei
vidámpark	테마파크	theme park
vörös	붉은색	dark red
zöld	연두색 / 초록색	green

8-15.

Összefoglalás

(요약, 8-15과)

I. 다음 단어들을 각각의 범주에 맞게 분류하시오. (Mi hol van?)

kávéfőző, kanapé, fotel, ágy, könyvespolc, villa, kés, szőnyeg, tányér, szekrény, tévé, kanál, pohár

a konyhában	a nappaliban	a hálószobában
kávéfőző		

II. 빈칸에 올바른 알파벳을 선택하시오.

M_V_L? → MIVEL?	Mivel jó a pizza?
• V__N__TT__L	• S__JTT__L
• B__SSZ__L	• P__R__D__CS__MM__L
• R__P__L__V__L	• S__NK__V__L
• GY__L__G	• CS__RK__V__L
• K__CS__V__L	• B__RS__V__L
• B__C__KL__V__L	• P__PR__K__V__L
• V__LL__M__SS__L	• __N__N__SSZ__L
• T__X__V__L	• K__TCH__PP__L
• M__T__RR__L	• H__LL__L
• M__TR__V__L	• H__GYM__V__L

III. 적합한 접미사를 사용하여 스프레드시트를 완성하시오.

Hol?	Hová?
a postán	
	az egyetemre
az iskolában	
a boltban	
az uszodában	
	a patikába
	a parkba
a meccsen	
	a koncertre
a cipőboltban	

IV. 다음을 순서대로 완성하시오.

1. tegnapelőtt, tegnap, ma, _holnap_, _____
2. hétfő, kedd, szerda, _____, _____, szombat, _____
3. január, február, _____, _____ május
4. tavasz, nyár, _____, _____.
5. szeptember, október, _____, _____
6. reggel, délelőtt, _____, _____, éjszaka

kakukktojás (뻐꾸기 알)
→ 성격이 다른 단어를 찾는 연습 문제에 사용하는 표현

V. 다음 단어들 중 성격이 다른 단어를 고르시오.

1. <u>konyha</u>, asztal, szék, ablak
2. május, április, kedd, szeptember
3. villamos, kép, vonat, bicikli
4. kés, villa, ágy, kanál
5. eper, paradicsom, répa, paprika
6. szerda, ősz, tél, tavasz
7. csütörtök, hétfő, szombat, este
8. posta, étterem, büfé, kávézó
9. könyvtár, egyetem, diszkó, főiskola

VI. Kati는 어디에서, 무엇을 하는지 완성하시오.

　　(Hol és mit csinál Kati?)

Hol	mit	csinál?
A konyhában	levest	főz.
A széken	-	ül.
	tévét	
A diszkóban		
		tanul.
Az étteremben		
	könyvet	
		áll.
	kenyeret	
A buliba		visz.

VII. 적합한 접미사로 대화를 완성하시오.

- Szia Márti! Mit csinál*sz* holnap?
- Reggel__*ø*__ 9-___ megy___ az egyetem___. Dél___ kávézó___ megy___ Tomi___, és délután___ könyvtár___ megy___, mert ott tanul___. Este___ mozi___ megy___. Nem jö___ te is?
- Nem, sajnos este nem jó.
- Miért? Mit csinál___?
- Tanul___, mert péntek___ vizsga lesz___.
- Nem hétfő___ lesz a vizsga?
- Biztos?
- Igen, hétfőn lesz 9-kor.
- Akkor megy___ én is mozi___! Hány óra___?
- 7-___.
- Rendben!

VIII. 다음에 맞는 것을 고르시오.

1. Hány órakor van éjfél? a. 24.00 b. 12.00 c. 12.30	2. - Hová mész? a. - Ház. b. - Haza. c. - Otthon.	3. Kati a konyhában ___. a. főz b. vásárol c. indul
4. - Halló! Hol vagy most? a. - Jól vagyok. b. - Otthon vagyok. c. - Haza vagyok.	5. A posta a park ... van. a. jobbra b. mögött c. egyenesen	6. - Hol veszel gyógyszert? a. - A patikában. b. - A könyvtárban. c. - Az uszodában.
7. Az asztalon van ___. a. két alma b. kettő almák c. sok almák	8. - _____ mész? - Busszal. a. Kivel b. Mivel c. Hová	9. - Mikor megyünk moziba? a. - Vasárnapon. b. - A hétvégében. c. - A hétvégén.
10. - Mit csinálsz ma este? a. - Tanulnak. b. - Tanulok. c. - Tanulsz.	11. Zsuzsi diák ___ . a. van b. vagy c. -	12. Kérek egy____ . a. spagetti b. spagettit c. spagettivel
13. - Mit főz Tom? a. - Kólát. b. - Tortát. c. - Húslevest.	14. ____ mész? a. Hol? b. Mit? c. Hová?	15. Megyek a _____ . a. parkba b. parkban c. parkból
16. Tévét ____? a. főzöl b. olvasol c. nézel	17. Te nem ____? a. jön b. jövök c. jössz	18. Ön mit _____? a. kérsz b. kérnek c. kér
19. Ki jön a _____? a. buliban b. buliba c. bulit	20. Mikor indul a ____? a. 7-os busz b. 7-ös busz c. 7-es busz	21. Kávét kérek sok ___. a. tejjel b. tejet c. tejbe

233

1. 알맞은 단어로 채우시오.

1.						

(crossword puzzle grid)

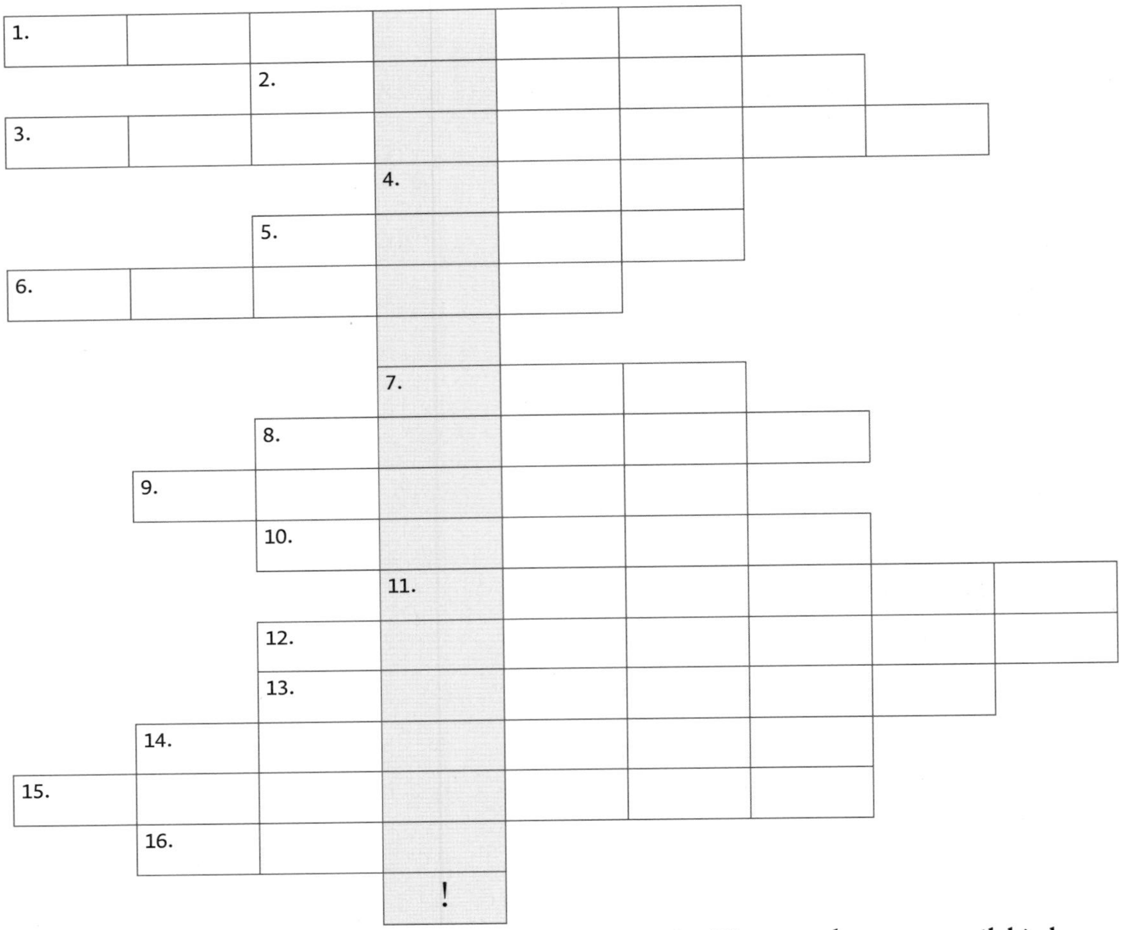

1. nem balra
2. autó =
3. Nem busz, nem metró, nem troli. Budapesten sárga.
4. 12.00
5. Itt veszünk kenyeret, tejet, sajtot, stb.
6. a busz kék, a villamos ...
7. A falon van a lakásban.
8. nem alacsony

9. Finom desszert, például: csokoládé_____, ananász_____.
10. Meleg hónap tavasszal.
11. Fehér hús.
12. bécsi ember (nemzetiség)
13. Itt főzünk otthon.
14. Nap, csütörtök után, szombat előtt.
15. _____ olvas
16. _____ parancsol?

II. 다음에 올바른 것을 고르시오.

1. - Hogy vagy?
  a. - Peti vagyok.
  b. - Jól vagyok.
  c. - Német vagyok.
	2. - Nagyon örülök!
	  a. - Tessék!
	  b. - Én is.
	  c. - Köszönöm.
		3. - Mi ez?
		  a. - Tea.
		  b. - Teát.
		  c. - Teával.

4. - Mit parancsol?
  a. - Tea.
  b. - Teát.
  c. - Teával.
	5. Susan amerikai _____ .
	  a. vagy
	  b. -
	  c. van
		6. Ön hol _____?
		  a. él
		  b. élsz
		  c. élek

7. 154 =?
  a. százötvenegy
  b. százötvennégy
  c. száztizenöt
	8. Kérek két _____.
	  a. szendvicst
	  b. szendvicset
	  c. szendvics
		9. _____ az idő?
		  a. Hánykor
		  b. Hány
		  c. Mennyi

10. ... találkozunk?
  a. Hány
  b. Hány órakor
  c. Hány óra
	11. 16.30 = ?
	  a. fél négy
	  b. fél öt
	  c. fél tizenhét
		12. Ez nem hal, __ csirke.
		  a. de
		  b. hanem
		  c. és

13. - _____ a kávé?
   - Meleg.
  a. Hogy
  b. Milyen
  c. Mi
	14. Ez a leves hideg _____?
	  a. -
	  b. van
	  c. vagy
		15. - Tessék.
		  a. - Köszönöm.
		  b. - Én is.
		  c. - Hol?

16. Bocsánat, _____ teát kérek.
  a. hanem
  b. is
  c. inkább
	17. Nem _____ meleg a leves?
	  a. nincs
	  b. túl
	  c. nagy
		18. - Hol van a sajt?
		  a. - A hűtőben.
		  b. - A hűtő.
		  c. - A hűtőbe.

19. - Hol van a diszkó?
  a. - A bank mögött.
  b. - A mögött bank.
  c. - Mögött a bank.
	20. Kit _____?
	  a. főzöl
	  b. indulsz
	  c. keresel
		21. Önök kit _____?
		  a. kerestek
		  b. keresnek
		  c. keres

22. Hol találok egy____?	23. A bolt a park _____.	24. - Mikor volt a vizsga?
a. patikát	a. mellett	a. - Holnap.
b. patika	b. mellett van	b. - Tegnap.
c. patikába	c. van mellett	c. - Ma éjszaka.
25. Hová mész _____?	26. Jössz te is az ____?	27. Ők még a büfében ....
a. nyárba	a. egyetemre	a. vagyok
b. nyáron	b. egyetemen	b. van
c. nyárban	c. egyetem	c. vannak
28. Melyik ____ leszünk?	29. ____ emeleten vagy?	30. Kérek egy pizzát ____.
a. teremben	a. Hányas	a. sok sajtos
b. terembe	b. Hányadik	b. sok sajttal
c. terem	c. Hol	c. sok sajtot
31. - Mit ____? - Almalét.	32. Kati egy bankban _____.	33. Ma találkozom ____.
a. eszünk	a. dolgozik	a. Timit
b. iszunk	b. napozik	b. Timi
c. alszunk	c. biciklizik	c. Timivel
34. ____ a leves?	35. Magyarországon nincsenek magas _____.	36. - Mivel jössz?
a. Hogy	a. hegy	a. - Busz.
b. Hol	b. hegyek	b. - Buszval.
c. Milyen	c. hegyet	c. - Busszal.
37. - Mit kérsz?	38. Ki _____ holnap?	39. - Viszlát!
a. - Bort.	a. jövök	a. - Viszlát!
b. - Borok.	b. jön	b. - Mikor?
c. - Bor.	c. jönnek	c. - Szerintem nem.

III. 다음 단어들을 각각의 범주에 맞게 분류하시오.

a konyhában, sört, moziba, busszal, holnap, szendvicset, Péterrel, 8 órakor, vonattal, gyalog, metróval, az uszodába, haza, otthon, az egyetemen, a koncertre, ma este, holnap délben, kólát, kávét, a meccsen, a büfébe, cukrot, jövő héten, tejet, tegnap, Csillával, nyáron, itt, sörözőbe, sörözőben, most, repülővel

Mit?	Mivel / Kivel?	Mikor?	Hol?	Hová?
			a konyhában	

IV. 장소에 따라 문장을 완성하시오.

	étteremben	boltban	utcán	egyetemen
Kérek egy ...	*kólát*		Ø	
Hol van a / az ...				
Mennyibe kerül a / az ...			Ø	
Milyen a / az ...				

장들에 관련된 객관식 문제들

제2과

1. Jó napot ...!
a. kívánok
b. csókolom
c. estét

2. Én Peti ... .
a. vagy
b. vagyok
c. -

3. Nagyon ...!
a. örülök
b. vagy
c. vagyok

4. Te diák ...?
a. vagyok
b. -
c. vagy

5. ... vagy?
a. Ki
b. Nem
c. Nagyon

6. – Hogy vagy?
a. - Német vagyok.
b. - Jól vagyok.
c. - Éva vagyok.

7. – Köszönöm!
a. - Semmi baj!
b. - Szívesen!
c. - Nem.

8. – Bocsánat!
a. - Köszönöm!
b. - Szívesen.
c. - Nem probléma.

9. – Hogy vagy?
– ☺ ! =
a. - Jól vagyok!
b. - Megvagyok.
c. - Nem vagyok jól.

10 Olaszország =
a. Róma, Firenze, Nápoly
b. Párizs, Bordeaux, Marseille
c. München, Berlin, Stuttgart

11. Tessék? =
a. Semmi baj.
b. Bocsánat, nem értem.
c. És te?

12. 8.00:
a. Jó napot!
b. Jó reggelt!
c. Jó estét!

113. 9.00:
a. Jó estét!
b. Jó reggelt!
c. Jó napot!

14. Spanyolország =
a. Madrid, Barcelona, Sevilla
b. London, Liverpool, Manchester
c. München, Berlin, Stuttgart

15. – Nagyon örülök!
a. - És te?
b. - Én is!
c. - Igen.

16. Semmi baj =
a. Nem probléma.
b. Bocsánat!
c. Tessék?

17. – Ki vagy?
a. - Jól vagyok, köszönöm.
b. - Igen!
c. - Andrea vagyok.

18. Franciaország =
a. Róma, Firenze, Nápoly
b. Párizs, Bordeaux, Marseille
c. München, Berlin, Stuttgart

제4과

1. 9 =
a. nyolc
b. kilenc
c. hat

2. 8 =
a. hat
b. nyolc
c. kilenc

3. 15 =
a. tizenhat
b. tizenöt
c. tizenhét

4. 0 =
a. négy
b. nulla
c. száz

5. 10 =
a. tizen
b. tíz
c. húsz

6. 62 =
a. hetvenkettő
b. hatvankettő
c. ötvenkettő

7. 84 =
a. nyolcvannégy
b. nyolcvanegy
c. negyvennyolc

8. 45 =
a. negyvenöt
b. ötvennégy
c. ötvenegy

9. 93 =
a. harminckilenc
b. nyolcvanhárom
c. kilencvenhárom

10. Vas utca ….
a. kettő
b. két
c. nulla

11. 402 =
a. négyszázkét
b. négyszáznullakét
c. négyszázkettő

12. hat →
a. öt
b. hét
c. kilenc

13. nyolc →
a. egy
b. kilenc
c. húsz

14. négy →
a. öt
b. tíz
c. egy

15. kilenc___
a. van
b. ven
c. nulla

16. het___
a. ven
b. van
c. egy

17. öt___
a. van
b. ven
c. öt

18. nyolc___
a. van
b. ven
c. kilenc

19. … euró
a. kettő
b. két
c. húszkettő

20. 89 =
a. nyolcvan és kilenc
b. nyolcvankilenc
c. kilencvenésnyolc

제5과

1. … óra van?
a. Ki
b. Hány
c. Mennyi

2. 9:00 =
a. Kilenc óra van.
b. Nyolc óra van.
c. Hét óra van.

3. 7.30 =
a. Fél nyolc van.
b. Fél kilenc van.
c. Fél hét van.

4. 2.45 =
a. negyed kettő
b. negyed három
c. háromnegyed három

5. 5.15 =
a. negyed öt
b. negyed hat
c. negyed hét

6. 19.45 = háromnegyed …
a. nyolc
b. nyolc óra
c. kilenc

7. Reggel 8 óra =
a. 8.00
b. 20.00
c. 21.00

8. ... az idő?
a. Hány
b. Mennyi
c. Ki

9. 12.15 = negyed ...
a. egy
b. tizenkettő
c. egy óra

10. 18.45 = háromnegyed ...
a. tizennyolc
b. tizenkilenc
c. hét

11. 22.30 = fél ...
a. huszonkettő
b. tizenegy
c. huszonhárom

12. 1.45 = háromnegyed ...
a. egy
b. kettő
c. három

13. háromnegyed óra =
a. 15 perc
b. 45 perc
c. 30 perc

14. dél =
a. 12.00
b. 24.00
c. 10.00

15. reggel =
a. 13:00-18:00
b. 7:00-9:00
c. 22:00-04:00

16. éjfél =
a. 12.00
b. 24.00
c. 22.00

17. háromnegyed kilenc =
a. nyolc negyvenöt
b. kilenc negyvenöt
c. három negyvenöt

18. negyed óra =
a. 40 perc
b. 30 perc
c. 15 perc

19. 15.30 = fél ...
a. négy óra
b. öt
c. négy

20. ..., mennyi az idő?
a. Tessék,
b. Elnézést,
c. Hány,

21. délelőtt 11 óra =
a. 11.00
b. 14.00
c. 23.00

22. 15.00 =
a. délután három óra
b. délelőtt három óra
c. tizenhat óra

23. 15 perc =
a. háromnegyed óra
b. fél óra
c. negyed óra

24. 30 perc =
a. negyed óra
b. harminc óra
c. fél óra

25. –Mennyi az idő?
  –... nem tudom.
a. Hány
b. Sajnos
c. Köszönöm

제6과

1. Nem jó a húsleves:
a. hideg
b. meleg
c. finom

2. Nem jó a sör:
a. meleg
b. hideg
c. nem drága

3. A torta
a. édes.
b. sós.
c. meleg.

4. ... a torta?
a. Ki
b. Mi
c. Milyen

5. – Milyen a csoki?
a. - Túl meleg.
b. - Túl sós.
c. - Túl édes.

6. Itt 50 euró egy kávé, ...
a. nagyon olcsó
b. nagyon drága
c. nagyon meleg

7. … itt csirke, … ott hal.
a. Ez – ez
b. Az – az
c. Ez – az

8. A … hús.
a. citrom
b. sertés
c. kávé

9. A … nem hús.
a. marha
b. tojás
c. pulyka

10. Mi édes?
a. a fagylalt
b. a sajt
c. a vaj

11. Ez nem pulyka, … csirke.
a. hanem
b. jó
c. és

12. – … milyen a leves?
   – … finom.
a. Szerintem – Szerintem
b. Szerinted – Szerinted
c. Szerinted – Szerintem

13. A … pizza 32 cm, a …
   18 cm.
a. kicsi – nagy
b. nagy – kicsi
c. kicsit – nagy

14. – Bocsánat, mi ez?
a. - Édes.
b. - Igen.
c. - Pulyka.

15. … alma nagyon olcsó.
a. A
b. Az
c. -

16. … gyümölcsleves
   szerintem nem finom.
a. A
b. Az
c. -

17. … hús drága, … hal
   olcsó.
a. A-az
b. A-a
c. Az-az

18. Meleg … tea?
a. az
b. a
c. -

19. … kávé itt nem olcsó.
a. -
b. A
c. Az

20. … ananász nagyon
   finom.
a. Az
b. -
c. A

21. Milyen … almalé?
a. -
b. a
c. az

22. 18 cm — 25cm — 35 cm
a. nagy pizza
b. kis pizza
c. közepes pizza

23. – Bocsánat, ez … hal?
a. ott
b. itt
c. az

24. – Bocsánat, az … hal?
a. ott
b. itt
c. az

25. – Bocsánat, ez pulyka …
   csirke?
   – Csirke.
a. és
b. vagy
c. a

1. … kérsz?
a. Mi
b. Mit
c. Ki

2. … ez?
a. Mi
b. Mit
c. Hol

3. Egy kávét ….
a. kérek
b. kérsz
c. van

4. … kerül?
a. Mi
b. Mit
c. Mennyibe

5. Sajnos … csokitorta.
a. nincs
b. kérek
c. kerül

241

6. Szia! Mit …?

a. parancsol

b. kérsz

c. kérek

7. – Mennyibe kerül?

a. - Sajnos nincs.

b. - 450 forint.

c. - Nem kérek.

8. – 600 forint.

a. - Szívesen.

b. - Tessék.

c. - Nem!

9. Bocsánat, … két tejet kérek!

a. hanem

b. inkább

c. nincs

10. Jó napot! Mit …?

a. kérsz

b. parancsol

c. kerül

11. Fél kiló húst kérek. =

a. 500 gramm húst kérek.

b. 50 deka húst kérek.

c. Fél húst kérek.

12. Egy liter … kérek.

a. tejet

b. sajtot

c. vajat

13. Két kiló … kérek.

a. zsemlét

b. almát

c. levest

14. Gyümölcsöt kérek még:

a. hagymát.

b. répát.

c. epret.

15. burgonya =

a. krumpli

b. sütemény

c. olaj

16. A csokitorta

a. gyümölcs.

b. zöldség.

c. sütemény.

17. A bab és a borsó

a. zöldség.

b. gyümölcs.

c. desszert.

18. Mi hús?

a. sonka

b. liszt

c. krumpli

19. ___főzelék

a. borsó

b. zsemle

c. eper

20. ___leves

a. mustár

b. méz

c. hagyma

21. só, bors, …

a. pirospaprika

b. sütemény

c. borsó

22. Mi nem édes?

a. lekvár

b. méz

c. tej

23. Kérek három deci … .

a. kenyeret

b. sört

c. almát

24. ___főzelék

a. kenyér

b. bab

c. liszt

25. tea + …

a. cukor

b. só

c. bors

26. Mi nem zöldség?

a. répa

b. ananász

c. paprika

27. Mennyibe kerül … alma?

a. a

b. az

c. -

28. Milyen … sütemény?

a. a

b. az

c. -

29. Bocsánat, … krumplifő zelék?

a. a

b. ez

c. egy

30. Kicsit édes ... lekvár!

a. az

b. egy

c. a

31. Egy kávé___ kérek!

a. -

b. t

c. ot

32. Fél kiló répa__ kérek.

a. -

b. t

c. ' t

33. Meleg ... főzelék?

a. az

b. -

c. a

34. Egy kiló paradicsom___
    kérek.

a. t

b. ot

c. -

35. Egy tej___ kérek.

a. et

b. -

c. t

36. Egy borsófőzelék___
    kérek.

a. t

b. et

c. ot

37. Elnézést, ez mustár___?

a. -

b. t

c. ot

38. Kérsz még banán___?

a. -

b. ot

c. t

39. Kérsz még bor___?

a. ot

b. -

c. t

40. Még egy sör___ kérek.

a. t

b. öt

c. -

41. Kérsz lekvár___?

a. -

b. ot

c. t

42. Egy méz__ kérek
    szépen.

a. ot

b. et

c. t

43. Két paprika___ kérek.

a. ' t

b. t

c. -

44. Nagyon hideg a sör__.

a. -

b. ot

c. et

45. Egy szalámi__ kérek.

a. ot

b. t

c. ' t

46. Egy kiló hagyma_
    kérek.

a. -

b. ' t

c. t

47. Fél kiló krumpli_ kérek.

a. -

b. t

c. et

48. Három joghurt__ kérek.

a. et

b. ot

c. t

49. ... kérsz?

a. Mi

b. Mit

c. Ki

50. Mennyibe kerül a
    sonka___?

a. t

b. -

c. ' t

51. Nem meleg a leves___?

a. et

b. t

c. -

52. Kicsit drága a kávé___.

a. t

b. -

c. et

53. Két olaj___ kérek.

a. t

b. ot

c. at

54. Egy hal___ kérek szépen.
   a. at
   b. ot
   c. t

55. Fél kiló ... kérek.
   a. epret
   b. epert
   c. eper

56. Egy kiló ... kérek.
   a. cukrot
   b. cukort
   c. cukor

57. Egy ... kérek.
   a. almalé
   b. almalét
   c. almaleves

58. Egy kiló ananász_ kérek.
   a. ot
   b. t
   c. -

59. ... az? Marha?
   a. Mi
   b. Mit
   c. Ki

60. Kóla___ kérsz?
   a. t
   b. ' t
   c. -

제8과

1. Mi van a tányéron?
   a. kanál
   b. könyv
   c. esernyő

2. Mi NINCS a nappaliban?
   a. számítógép
   b. mosógép
   c. szőnyeg

3. Mi NINCS a konyhában?
   a. kanál
   b. pohár
   c. ágy

4. Mi van a tányérban?
   a. ceruza
   b. toll
   c. főzelék

5. – Hol van a tea?
   a. - A mosógépben.
   b. - A tányérban.
   c. - A mikróban.

6. Mi NINCS a szőnyegen?
   a. asztal
   b. kanál
   c. ágy

7. Mi van a szobában?
   a. előszoba
   b. garázs
   c. íróasztal

8. Hol van a vécé?
   a. a nappaliban
   b. a dolgozószobában
   c. a fürdőszobában

9. Hol van a szendvics?
   a. Az előtt a mikró.
   b. A mikró előtt.
   c. Előtt a mikró.

10. A hűtő ... van.
   a. a mikró mellett
   b. a mikrón
   c. a mikróban

11. Az autó ... van.
   a. a garázs alatt
   b. a garázson
   c. a garázsban

12. A kép ... van
   a. a nappaliban
   b. a nappalin
   c. a nappali alatt

13. A Hyundai ... van
   a. a Mercedes között a Jaguár
   b. között Mercedes és Jaguár
   c. a Mercedes és a Jaguár között

14. A virág az erkély___ van.
   a. on
   b. en
   c. ön

15. A ceruza a könyv___ van.
   a. on
   b. en
   c. ön

16. A toll a lámpa előtt van. =
   a. A lámpa mögött van egy toll.
   b. A lámpa előtt van egy toll.
   c. A lámpa a toll előtt van.

244

17. – Hol van még
     ásványvíz?
a. - A konyha.
b. - A konyhán.
c. - A konyhában.

18. – Hol van a virág?
a. - Az erkélyben.
b. - Az erkélyen.
c. - Az erkélyt.

19. A kávé az asztal__ van.
a. on
b. en
c. ön

20. A mobil a könyv__ van.
a. on
b. en
c. ön

21. Bécs … van.
a. Ausztria mellett
b. Ausztriában
c. Ausztrián

22. – Hol van a mobil?
a. - Mögött a könyv.
b. - Mögött könyv.
c. - A könyv mögött.

23. A leves már a tányér__
     van.
a. ban
b. en
c. ön

24. – Hol van egy ceruza?
a. - Asztalon.
b. - A asztalon.
c. - Az asztalon.

25. A kanapé a szőnyeg__
     van.
a. on
b. en
c. ön

26. – Hol van egy pohár?
a. - Szekrényben.
b. - A szekrényben.
c. - Az szekrényben.

27. A tévé a nappali__ van.
a. ban
b. ben
c. n

28. A Big Ben … van.
a. Londont
b. Londonban
c. Londonon

29. A toll az ágy__ van.
a. on
b. en
c. ön

30. A kanál már az asztal__
     van.
a. n
b. on
c. en

31. A bor a hűtő__ van.
a. ban
b. ben
c. en

32. A leves a mikró__ van.
a. on
b. ban
c. ben

33. A kávé már a pohár__
     van.
a. ban
b. ben
c. on

34. A könyvespolc a
     hálószoba___ van.
a. ' ban
b. ban
c. ' ben

35. A mosógép a konyha__
     van.
a. ' n
b. ' ban
c. ' on

36. A kép___ egy kávézó
     van.
a. on
b. en
c. ben

1. – Mit tanul Péter?
a. - Egy kanalat.
b. - Angolt.
c. - Egy kólát.

2. – Mit táncol Kati?
a. - Angolt.
b. - Egy villát.
c. - Salsát.

3. – Mit főz Andrea?
a. - Shakespeare-t.
b. - Húslevest.
c. - Ásványvizet.

4. – Mit néz Eszter?

a. - Egy filmet.

b. - Magyart.

c. - Tévé.

5. – Mit rendel András?

a. - Tangót.

b. - Angolt.

c. - Egy pizzát.

6. – Hol ül Zsuzsi?

a. - A szőnyegen.

b. - A poháron.

c. - A késen.

7. – Hol olvas Gabi?

a. - A nappaliban.

b. - Shakespeare-t.

c. - Németet.

8. – Mit keres Brigi?

a. - Tangót.

b. - Magyart.

c. - Egy könyvet.

9. – Mit vesz Gábor?

a. - Egy hűtő.

b. - Egy hűtőt.

c. - Egy hűtőben.

10. – Mit néz Éva?

a. - Egy filmet.

b. - Egy film.

c. - Egy filmen.

11. – Mit rendel Dávid?

a. - Két pizza.

b. - Egy pizza.

c. - Két pizzát.

12. – Mit hoz Klári?

a. - Három sört.

b. - Három sör.

c. - Egy sör.

13. – Mit csinálsz?

a. - Tanulsz.

b. - Tanul.

c. - Tanulok.

14. – Mit kértek?

a. - Csak egy sört kértek.

b. - Csak egy sört kérünk.

c. - Csak egy sört kérsz.

15. – Ön mit kér?

a. - Egy szendvicset kér.

b. - Egy szendvicset kérek.

c. - Egy szendvicset kérsz.

16. Mi csak egy kávét ….

a. kérünk

b. kértek

c. kérnek

17. … salátát kérünk.

a. Én

b. Ő

c. Mi

18. … csak egy kanalat kér.

a. Ő

b. Én

c. Ők

19. … mit olvastok?

a. Te

b. Ti

c. Ön

20. … is pizzát rendelnek?

a. Ti

b. Ők

c. Ön

21. Hol … itt egy vécét?

a. keresek

b. nézek

c. találok

22. Semmi baj, a busz még nem … .

a. ül

b. ad

c. indul

23. Éhes vagyok. … egy pizzát?

a. Rendelünk

b. Olvasunk

c. Találunk

24. Mit …? Spagettit?

a. ülsz

b. tanulsz

c. főzöl

25. – Mit …?
    – Egy francia filmet.

a. nézel

b. főzöl

c. olvasol

26. Hol … az autó?

a. talál

b. áll

c. ül

27. Ők is narancsot …?

a. kér

b. kértek

c. kérnek

28. Bocsánat, ... még valamit?
  a. kérek
  b. kérök
  c. kérsz

29. Mikor ... a busz?
  a. indulok
  b. indulsz
  c. indul

30. Jó napot! ... valakit?
  a. Keres
  b. Keresel
  c. Keresek

제10과

1. Hol tanulunk?
  a. az iskolában
  b. a diszkóban
  c. a megállóban

2. Hol veszünk könyvet?
  a. a könyvtárban
  b. a könyvesboltban
  c. a kocsmában

3. Hol nézünk filmet?
  a. a liftben
  b. a moziban
  c. az uszodában

4. Hol rendelünk valamit?
  a. Az iskolában.
  b. Az étteremben.
  c. A parkban.

5. Hol vagyunk két emelet között?
  a. az első emeleten
  b. a földszinten
  c. a liftben

6. Hol táncolunk?
  a. a meccsen
  b. a diszkóban
  c. a virágboltban

7. Mi van az iskolában?
  a. terem
  b. piac
  c. strand

8. Hol nem tanulunk?
  a. az egyetemen
  b. a főiskolán
  c. a cipőboltban

9. Hol vásárolunk valamit?
  a. A ruhaboltban.
  b. A teremben.
  c. A rendőrségen.

10. - Hol vagytok?
  a. - A egyetemen.
  b. - Az egyetemen.
  c. - Egyetem.

11. Itt vagyok az ____en.
  a. út
  b. egyetem
  c. piac

12. Már a _____on vagy?
  a. strand
  b. meccs
  c. koncert

13. Itt vagyunk a ____'n.
  a. strand
  b. posta
  c. repülőtér

14. Most vagyunk a ___on.
  a. piac
  b. tér
  c. meccs

15. Peti a főiskola__ van.
  a. n
  b. ' n
  c. on

16. Itt vagyunk a rendőrség_.
  a. on
  b. en
  c. ön

17. Peti már a repülőtér__ van.
  a. ban
  b. ben
  c. en

18. A bank a Váci út__ van.
  a. ban
  b. on
  c. ra

19. Még a pályaudvar__ vagyunk.
  a. on
  b. en
  c. ben

20. A strand__ vagytok vagy
  az uszoda__?
  a. ban - ban
  b. ban - ' ban
  c. on - ' ban

21. A piac___ sok finom gyümölcs van.

a. on

b. ban

c. en

22. A büfé a földszint___ van, a lift mellett.

a. en

b. ban

c. ön

23. A büfé___ nagyon finom a kávé.

a. n

b. ban

c. ben

24. A magyaróra a második emelet___ van.

a. en

b. ben

c. ban

25. Mi már itt vagyunk a mozi___.

a. n

b. on

c. ban

26. A múzeum a Deák tér___ van.

a. on

b. en

c. ön

27. Éva uszoda___ van.

a. ' n

b. ' ban

c. ' ben

28. Itt vagyok a földszint___, a könyvtár___,.

a. ban – ban

b. ban – ben

c. en – ban

29. Főiskola___ tanulsz vagy egyetem___?

a. ' n – en

b. ' ban – ben

c. ' n – ben

30. A piac az uszoda mögött van. =

a. Az uszoda a piac mögött van.

b. A piac előtt van az uszoda.

c. A piac mögött van az uszoda.

31. A ruhabolt az első emeleten van.

a. A ruhabolt a földszint alatt van.

b. A ruhabolt a földszinten van.

c. A ruhabolt a földszint fölött van.

32. A park a piac és a könyvtár között van.

a. A piac a könyvtár mellett van.

b. A piac a parkban van.

c. A piac a park mellett van.

33. bank--park--patika

a. A park a bank mellett jobbra van.

b. A park a bank mellett balra van.

c. A bank a park és a patika között van.

34. Hol van a lépcső?

a. A liftben.

b. A liften.

c. A lift mellett.

35. sportbolt--piac--mozi

a. A mozi a sportbolt és a piac között van.

b. A piac a sportbolt és a mozi között van.

c. A sportbolt a mozi és a piac között van.

36. A házban ↑

a. földszint-második emelet-első emelet

b. első emelet-földszint-második emelet

c. földszint-első emelet-második emelet

37. tér--kávézó--posta

a. A posta a kávézó mellett balra van.

b. A tér a kávézó mellett balra van.

c. A kávézó a posta mellett jobbra van.

38. Az óra a hat___ emeleten van.

a. adik

b. odik

c. edik

39. A terem a kilenc___ emeleten van.

a. odik

b. edik

c. ödik

40. A könyvtár a negy___ emeleten van.
a. edik
b. odik
c. ödik

41. A büfé a nyolc___ emeleten van.
a. odik
b. adik
c. dik

42. A bolt az ___ emeleten van.
a. elsődik
b. egyedik
c. első

43. A bolt a ___ emeleten van.
a. kettedik
b. kettődik
c. második

제11과

1. ... van a vizsga?
a. Ki
b. Mi
c. Mikor

2. - Mikor van a magyaróra?
a. - Ötkor.
b. - Öt.
c. - Öt óra.

3. 8.45-kor =
a. háromnegyed nyolckor
b. háromnegyed kilenckor
c. negyed nyolckor

4. A magyaróra délután van, ...
a. fél tízkor
b. délben
c. fél háromkor

5. szerda, csütörtök, ...
a. kedd
b. szombat
c. péntek

6. vasárnap, hétfő, ...
a. szerda
b. kedd
c. csütörtök

7. A magyaróra délben van. =
a. 11-kor
b. 12-kor
c. 1-kor

8. ... órakor van a meccs?
a. Mennyi
b. Hány
c. Mikor

9. A koncert este van.
a. 11-kor.
b. 16-kor.
c. 20-kor.

10. ... volt egy jó meccs a tévében.
a. Holnapután
b. Tegnap
c. Holnap

11. Ma kedd van. Holnapután ... lesz.
a. vasárnap
b. csütörtök
c. szerda

12. Holnap péntek lesz. Tegnap ... volt.
a. szombat
b. csütörtök
c. szerda

13. A vizsga tegnap ... .
a. van
b. lesz
c. volt

14. - Mikor lesz a vizsga?
a. - Tegnapelőtt.
b. - Holnapután.
c. - Tegnap.

15. Kati május___ Londonban lesz.
a. ban
b. ben
c. on

16. Peti szeptember___ Berlinben lesz.
a. ban
b. ben
c. on

17. Éva április___ Párizsban lesz.
a. ban
b. ben
c. en

18. Péntek___ már otthon leszek.
a. on
b. en
c. ben

19. Vasárnap___
    U2-koncert
    lesz a stadionban.
    a. on
    b. -
    c. ban

20. Csütörtök___ hánykor
    vagy otthon?
    a. on
    b. -
    c. ön

21. Szombat___ otthon
    főzök.
    a. on
    b. -
    c. ön

22. Mikor van tél?
    a. márciusban
    b. májusban
    c. februárban

23. Mikor van ősz?
    a. októberben
    b. áprilisban
    c. júniusban

24. Nyár___ sok koncert
    lesz.
    a. on
    b. ben
    c. ban

25. András tél___
    Madridban lesz.
    a. on
    b. ben
    c. en

26. Július ... van.
    a. tavasszal
    b. nyáron
    c. ősszel

27. Január ... van.
    a. ősszel
    b. télen
    c. tavasszal

28. – Mikor tanulsz?
    a. - Vasárnap.
    b. - Az egyetemen.
    c. - Magyart.

29. – Hány óra van?
    a. - Öt.
    b. - Ötöt.
    c. - Ötkor.

30. – Mikor főzöl?
    a. - Reggelt.
    b. - Reggel.
    c. - Reggelben.

31. – Mikor táncolsz?
    a. - Éjszakát.
    b. - Éjszaka.
    c. - Éjszakában.

32. – Mikor indulsz?
    a. - Fél 10-kor.
    b. - Fél 10 van.
    c. - Fél 10 óra.

33. – Hánykor indul a busz?
    a. - Fél 11 órakor.
    b. - Fél 11-kor.
    c. - Fél 11 van.

34. – Hánykor jön a busz?
    a. - Délelőtt.
    b. - Délben.
    c. - Délután.

35. Télen ... van.
    a. hideg
    b. meleg
    c. jó

제12과

1. Hová mész?
   a. Moziban.
   b. Moziba.
   c. Otthon.

2. Hol van Peti?
   a. A cipőboltban.
   b. A cipőbolton.
   c. A cipőboltba.

3. Te nem ... az egyetemre?
   a. mész
   b. megyek
   c. mentek

4. Ti is ... a koncertre?
   a. mentek
   b. megyek
   c. jövök

5. Mi nem ... a meccsre.
   a. mentek
   b. megyünk
   c. mennek

6. Ők is ... a strandra?
   a. jön
   b. jöttök
   c. jönnek

250

7. Te miért nem … a kávézóba?

a. jön

b. jövök

c. jössz

8. Ti is … a postára?

a. jössz

b. jön

c. jöttök

9. Ki … a buliba?

a. jönnek

b. jön

c. jössz

10. Hová … szombaton?

a. jövünk

b. megyünk

c. vagyunk

11. Holnap az egyetemen … .

a. jövünk

b. vagyunk

c. megyünk

12. Megyünk a parkba. … ti is?

a. Vagytok

b. Megyünk

c. Jöttök

13. … mész? A főiskolára?

a. Hová

b. Ki

c. Hol

14. Délelőtt megyek a könyvtár__.

a. ba

b. ban

c. on

15. Reggel megyek az egyetem__, délben a gyógyszertár__.

a. re – ba

b. ra – be

c. en – ban

16. Kedden mozi__ megyünk, szerdán meccs__.

a. be – en

b. be – be

c. ba – re

17. Éva most színház__ van, kedden koncert__ megy.

a. ba – ben

b. ban – be

c. ban – re

18. – Hová mentek?

a. - Repülőtéren.

b. - A repülőtéren.

c. - A repülőtérre.

19. Kati nem megy az egyetem__, a könyvtár__ tanul

a. en – ba

b. re – ban

c. ra – ba

20. Mikor megyünk a piac__?

a. be

b. ra

c. re

21. Reggel megyek a rendőrség__, aztán a posta__.

a. en - ' ba

b. be - ' n

c. re - ' ra

22. Megyünk a büfé__?

a. ba

b. be

c. ra

23. Holnap megyek a tér_ .

a. en

b. be

c. re

24. Jöttök a kocsma__?

a. ' ra

b. ' ba

c. ra

25. Most megyünk az első emelet__.

a. re

b. be

c. ben

26. Peti gyógyszertár__ megy.

a. ra

b. ba

c. ban

27. – Halló! Hol vagy most?

a. – Az egyetemre.

b. – A büfében.

c. – A boltba.

28. Én a parkban vagyok.
    Te ... vagy?
    a. postára
    b. otthon
    c. haza

29. Itt vagyok a földszint__ .
    a. re
    b. be
    c. en

30. Jössz mozi___?
    a. ba
    b. ra
    c. be

31. – Jössz moziba?
    a. - Igen, megyek.
    b. - Igen, mész.
    c. - Igen, megy.

32. – Jön színházba?
    a. - Mentek.
    b. - Igen, megyek.
    c. - Mész.

제13과

1. teniszezik, biciklizik,
   úszik, ...
   a. focizik
   b. bulizik
   c. dolgozik
   d. tévézik

2. éjszaka táncol, iszik,
   beszélget =
   a. dolgozik
   b. ír
   c. bulizik
   d. utazik

3. Jövök, csak ... egy
   e-mailt.
   a. tanulok
   b. írok
   c. dolgozom
   d. beszélek

4. reggelizik, ebédel, ...
   a. alszik
   b. vacsorázik
   c. dolgozik
   d. iszik

5. Szombaton úszunk vagy
   teniszez__.
   a. unk
   b. ünk
   c. ik
   d. tek

6. Ma délben ....
   a. találkozom
   b. vacsorázom
   c. ebédelek
   d. örülök

7. ... egy szendvicset.
   a. Eszem
   b. Iszom
   c. Megyek
   d. Beszélgetek

8. A klubban ... Katival.
   a. rendelek
   b. utazom
   c. megyek
   d. találkozom

9. – Milyen a kávé?
   a. - Sós.
   b. - Elég erős.
   c. - Álmos.
   d. - Éhes.

10. Iszom egy ....
    a. kávét.
    b. hamburgert.
    c. uszodát.
    d. egy órát.

11. – Eszel valamit?
    a. - Igen, egy almát.
    b. - Igen, egy kávét.
    c. - Igen, az uszodában.
    d. - Nem, éhes vagyok.

12. Egy irodában ....
    a. dolgozom
    b. napozom
    c. csinálok
    d. találkozom

13. – Eszel valamit?
    a. - Köszönöm, nem vagyok
       éhes.
    b. - Igen, jól.
    c. - Igen, egy könyvet.
    d. - Igen, egy bort kérek.

14. Én majd este ír__
    e-mailt!
    a. ok
    b. ek
    c. ök
    d. em

15. Te mikor találkoz_
    Évával?
    a. sz
    b. osz
    c. ol
    d. iksz

16. Beszél__ ma Katival?
a. el
b. esz
c. sz
d. elsz

17. Te hol úsz__?
a. sz
b. olsz
c. ol
d. el

18. Joe mindig otthon ül, és ….
a. tévézik
b. focizik
c. teniszezik
d. bulizik

19. … együtt?
a. Ebédelsz
b. Ebédel
c. Ebédelek
d. Ebédelünk

20. Hánykor reggelizel? És hánykor ebédel__?
a. el
b. sz
c. esz
d. elsz

21. Ti egy könyvtárban dolgoz__?
a. ol
b. osz
c. tok
d. ik

22. … együtt?
a. Vacsorázik
b. Vacsorázunk
c. Vacsorázol
d. Vacsorázom

23. Andi sok kávét ….
a. napozik
b. kávézik
c. iszik
d. dolgozik

24. Kati ma Londonba ….
a. alszik
b. találkozik
c. teniszezik
d. utazik

25. – Mit csináltok este?
    – Nem tudom, szerintem ….
a. sörözünk
b. megyünk
c. reggelizünk egy étteremben
d. ebédelünk egy klubban

제14과

1. Mi a Harley-Davidson?
a. hajó
b. kocsi
c. villamos
d. motor

2. Mi megy a vizen?
a. a hajó
b. a troli
c. a kocsi
d. a vonat

3. – Mivel mész Londonba?
a. – Katival.
b. – Petivel.
c. – Repülővel.
d. – Zsófival.

4. – Kivel mész a könyvtárba?
a. – Andrással.
b. – Biciklivel.
c. – Busszal.
d. – Villamossal.

5. Mivel mész Amerikába?
a. repülővel
b. HÉV-vel
c. villamossal
d. taxival

6. – Mivel mész az étterembe?
a. – Hajóval.
b. – Repülővel.
c. – Gyalog.
d. – Johnnal.

7. – Kivel mész Prágába?
a. – Busszal.
b. – Tommal.
c. – Gyalog.
d. – Repülővel.

8. Mikor tanultok Gergő__?
a. val
b. vel
c. -
d. t

9. Ma moziba megyek __val.
a. Tom
b. Tomi
c. Thomas
d. Tamás

10. Londonba repülő__
    mész?
   a. -
   b. t
   c. val
   d. vel

11. Ma múzeumba megyek
    __vel.
   a. Krisztina
   b. Kriszta
   c. Kriszti
   d. Krisz

12. __sal mész haza?
   a. Busz
   b. Vonat
   c. Motor
   d. Villamos

13. __val jössz az
    egyetemre?
   a. Busz
   b. Villamos
   c. Motor
   d. Metró

14. __vel mész
    Szentendrére?
   a. Bicikli
   b. Busz
   c. Vonat
   d. Motor

15. Bocsánat, mikor indul a
    __-os busz?
   a. 202
   b. 204
   c. 206
   d. 208

16. Bocsánat, mikor indul a
    __-es busz?
   a. 103
   b. 105
   c. 108
   d. 109

17. 1-es villamos = ...
    villamos
   a. elsős
   b. egyedikes
   c. egyes
   d. elsőes

18. 4-__-6-__ villamos
   a. es – as
   b. ös – as
   c. es – os
   d. es - ös

19. – Mivel mész a
    koncertre?
   a. - A hármas metrót.
   b. - A hármassal metrót.
   c. - A hármas metróval.
   d. - A hármassal metróval.

20. – Hová mentek a
    villamossal?
   a. - A Deák térre.
   b. - A Deák téren.
   c. - A Deák térbe.
   d. - A Deák tér.

21. – Hol vagytok?
   a. - A Deák térre.
   b. - A Deák téren.
   c. - A Deák tér.
   d. - A Deák térben.

22. Bocsánat, ... busz megy
    a Deák térre?
   a. ez
   b. ez a
   c. ez az
   d. az

23. – Busszal mész?
   a. - Igen, a hetvenharmadik
      busszal.
   b. - Igen, a hetvenhármas
      busszal.
   c. - Igen, a busz hetvenhárom.
   d. - Igen, a hetvenhárom
      busszal.

24. – Hová megy a kettes
    metró?
    -A Déli__.
   a. be
   b. ba
   c. re
   d. ra

제15과

1. Budapest ... .
   a. város
   b. hegy
   c. folyó
   d. tó

2. – (mínusz) 10 fok nagyon ... .
   a. nagy
   b. érdekes
   c. meleg
   d. hideg

3. 38 fok nagyon ... .
   a. hideg
   b. híres
   c. érdekes
   d. meleg

4. A víz ….

a. kék

b. piros

c. sárga

d. fekete

5. Az eper ….

a. fehér

b. fekete

c. piros

d. kék

6. A sajt ….

a. lila

b. fekete

c. barna

d. sárga

7. A só ….

a. fehér

b. narancssárga

c. zöld

d. fekete

8. A borsó ….

a. vörös

b. zöld

c. kék

d. piros

9. piros, vörös, …

a. híres

b. álmos

c. szomjas

d. barna

10. A citrom

a. barna

b. szürke

c. sárga

d. zöld

11. Budapesten a villamos ….

a. zöld

b. kék

c. fehér

d. sárga

12. Budapesten a busz ….

a. kék

b. fehér

c. lila

d. piros

13. nem régi =

a. gyors

b. hosszú

c. piszkos

d. új

14. nem tiszta =

a. piszkos

b. fiatal

c. régi

d. idős

15. idős =

a. öreg

b. lassú

c. gyors

d. rövid

16. Robert de Niro nagyon ….

a. zöld

b. híres

c. régi

d. rövid

17. A Ferrari nagyon ….

a. éhes

b. gyors

c. álmos

d. lassú

18. Itt vannak a bor__.

a. -

b. ok

c. ök

d. ek

19. Hol vannak a sör__?

a. ok

b. ek

c. -

d. ök

20. Itt finom torta__ vannak.

a. -

b. k

c. ' k

d. ' kok

21. Hol vannak még szék__?

a. ök

b. ok

c. -

d. ek

22. Tessék, itt vannak a villa__.

a. -

b. k

c. ' k

d. ok

23. Magyarországon szép lány__ vannak.

a. -

b. ek

c. ok

d. ök

24. Magyarországon híres bor__ vannak.

a. ok

b. ek

c. ök

d. -

25. Itt sok ….

a. park van

b. parkok van

c. park vannak

d. parkok vannak

26. Itt van sok jó ….

a. étteremek

b. éttermek

c. étterem

d. éttermet

27. Budapesten kb. … .

a. 2 milliók emberek élnek.

b. 2 millió emberek élnek.

c. 2 millió ember él.

d. 2 milliók ember élnek.

28. Hol van a …?

a. tányér

b. tányért

c. tányérok

d. tányérral

29. … jönnek moziba?

a. Ki

b. Kik

c. Mik

d. Kit

30. Hol … az órák?

a. van

b. vagytok

c. vannak

d. vagyunk

31. Itt finom torta__ vannak.

a. ok

b. ek

c. ' k

d. ak

32. Magyarországon csípős étel__ vannak.

a. -

b. ek

c. ok

d. ök

33. Mikor jönnek a tanár__?

a. ak

b. ok

c. -

d. ek

34. A múzeumban … képek vannak.

a. sok

b. 20-25

c. kevés

d. szép

요약 객관식 문제들

1. – Hová mész nyáron?
a. – Párizsban.
b. – Párizsba.
c. – Párizsben.
d. – Párizsbe.

2. Jean Párizs__ tanul.
a. ban
b. ben
c. ra
d. be

3. Elnézést, az …?
a. itt csirke
b. ott csirke
c. itt csirkét
d. ott csirkét

4. Hová … délután?
a. tanultok
b. mentek
c. maradtok
d. vagytok

5. Most nem vagyok ….
a. otthon
b. könyvtár
c. standionba
d. haza

6. A fagyi … .
a. hideg
b. sós
c. meleg
d. csípős

**7. Nem halat kérek, …
csirkét.**
a. hanem
b. de
c. és
d. is

8. … csinálunk este?
a. Mi
b. Mit
c. Hol
d. Hová

9. …, villa, kés
a. esernyő
b. bor
c. toll
d. kanál

10. – Hol van egy bank?
a. - A híd mellett.
b. - Mellett a híd.
c. - A mellett a híd.
d. - Mellett az híd.

**11. Ma szerda van, tegnap
….**
a. csütörtök lesz.
b. csütörtök volt.
c. hétfő van.
d. kedd volt.

12. Itt vagyok a repülőtér__.
a. be
b. ben
c. re
d. en

13. 19.00: Jó … kívánok!
a. reggelt
b. estét
c. éjszakát
d. napot

14. Mit parancsol? =
a. Mit kér?
b. Mit kérsz?
c. Mit kértek?
d. Mit kérünk?

15. Főz__ egy levest?
a. sz
b. öl
c. el
d. esz

16. Te diák …?
a. vagyok
b. vagytok
c. vagy
d. vannak

**17. tizenhárom, tizenegy,
kilenc, …**
a. hat
b. hét
c. nyolc
d. öt

18. Egy kiló citrom__ kérek.
a. -
b. t
c. ot
d. öt

19. Hol tanulunk?

a. májusban.

b. a diszkóban

c. a ruhaboltban

d. az iskolában

20. A sör és a bor ... 880 forint.

a. összesen

b. kérek

c. tessék

d. sok

21. Mi volt a Titanic?

a. villamos

b. hajó

c. kocsi

d. bicikli

22. Holnap moziba megyek __val.

a. Feri

b. Teri

c. Ottó

d. Szilvi

23. Elnézést, a __-as busz honnan indul?

a. 2

b. 4

c. 6

d. 8

24. ... jó a buli, ... én is maradok.

a. De – hanem

b. Hanem – de

c. Ha – akkor

d. Vagy – hanem

25. Itt vannak jó ...?

a. bor

b. borok

c. bork

d. bort

2. TESZT

1. Éva Madrid__ van.

a. ben

b. ban

c. be

d. ba

2. A büfé ... van.

a. az első emeleten

b. az elsőn emeleten

c. az egyedik emelet

d. az elsőn emelet

3. Április__ Budapesten vagyok.

a. ban

b. ben

c. en

d. on

4. Én egy sajtos tésztát ... .

a. indulok

b. olvasok

c. állok

d. rendelek

5. só, cukor, ...

a. főzelék

b. kifli

c. bors

d. bor

6. ... zöldség.

a. A tészta

b. Az ananász

c. A hagyma

d. A só

7. ... kerül a sajt?

a. Hány

b. Hányadik

c. Mennyi

d. Mennyibe

8. 18.45 =

a. háromnegyed hét

b. háromnegyed tizennyolc

c. háromnegyed tizenkilenc

d. negyed tizenkilenc

9. Mi van a pohárban?

a. főzelék

b. sör

c. esernyő

d. zsemle

10. bank--park--piac

a. A park a piac mellett jobbra van.

b. A park a bank mellett jobbra van.

c. A bank a park és a piac között van.

d. A piac és a park között van a bank.

11. ... szombat van, ... lesz.

a. Tegnapelőtt - ma vasárnap

b. Tegnap - holnap hétfő

c. Holnap - ma péntek

d. Ma - holnap vasárnap

258

12. Itt ülünk a ... .
a. repülőtéren
b. buszmegállón
c. parkon
d. büfén

13. Jó napot kívánok! Kit keres__?
a. -
b. el
c. esz
d. ünk

14. Nem értem! = ...
a. Nem vagyok jól.
b. Nem probléma.
c. Bocsánat!
d. Tessék?

15. Mi itt ... a moziban, ti hol ...?
a. vagyunk - vagyunk
b. vannak - vagytok
c. vagytok - vannak
d. vagyunk – vagytok

16. Mikor megy__ moziba?
a. sz
b. ünk
c. tek
d. nek

17. 87 =
a. hetvenkilenc
b. kilencvenhét
c. hetvennyolc
d. nyolcvanhét

18. Két citrom__ kérek.
a. -
b. t
c. ot
d. et

19. – Hol tanulunk?
a. - Anatómiát.
b. - Decemberben.
c. - Az egyetemen.
d. - Délben.

20. ... nincs csokitorta.
a. Inkább
b. Tessék
c. Sajnos
d. Van

21. 7-es busz = ... busz
a. hetedikes
b. hétes
c. hetes
d. hetedik

22. Mi a BMW?
a. villamos
b. kocsi
c. repülő
d. bicikli

23. Az alma ....
a. fehér
b. fekete
c. piros
d. kék

24. Este nem megyek moziba, nagyon ... vagyok.
a. fáradt
b. alacsony
c. gyors
d. híres

25. Itt sok ....
a. parkok
b. park
c. parkok vannak
d. park van

3. TESZT

1. Jöttök a büfé__?
a. be
b. ben
c. re
d. -

2. A bank itt van az első ....
a. földszinten
b. emeleten
c. lépcsőn
d. liftben

3. Télen =
a. márciusban
b. július
c. augusztus
d. januárban

4. Hol ... a színház?
a. talál
b. vannak
c. ül
d. van

5. –Halló, ... vagy?
a. miért
b. hol
c. hová
d. mi

6. ... zöldség.
a. A mustár
b. A borsó
c. Az alma
d. Az olaj

7. ... megyünk este?
a. Hová
b. Mit
c. Hol
d. Ki

8. – ... jössz?
   – Este.
   a. Mikor
   b. Hol
   c. Mit
   d. Hová

9. Mi van a fürdőszobában?
   a. kávéfőző
   b. számítógép
   c. ágy
   d. mosógép

10. A vécé a konyha és a nappali között van.
    a. nappali—konyha—vécé
    b. vécé—nappali—konyha
    c. konyha—vécé—nappali
    d. konyha—nappali—vécé

11. Ma hétfő van, tegnap ... .
    a. szerda volt.
    b. kedd lesz.
    c. vasárnap volt.
    d. szombat lesz.

12. Még nem vagyunk a __on.
    a. koncert
    b. park
    c. meccs
    d. pályaudvar

13. – ...!
    – Nincs mit!
    a. Elnézést!
    b. Viszlát!
    c. Köszönöm!
    d. Tessék!

14. Kérsz ... egy fagyit?
    a. még
    b. tessék
    c. kérek
    d. nem

15. Mi itt ... a parkban, ti hol ...?
    a. ülünk - vagyunk
    b. ülnek - vagytok
    c. ültök - vannak
    d. ülünk - vagytok

16. Ti mit főz__?
    a. tök
    b. öltök
    c. tek
    d. ösz

17. Váci út 142. = Váci út...
    a. ezerésnegyvenkettő
    b. százésnegyvenkettő
    c. száznegyvenkettő
    d. százésnegyvenkét

18. Kérek szépen egy tányér__!
    a. ot
    b. t
    c. -
    d. et

19. Hol veszünk könyvet?
    a. a könyvtárban
    b. az uszodában
    c. a moziban
    d. a könyvesboltban

20. Ez nem marha, ... sertés.
    a. hanem
    b. de
    c. és
    d. akkor

21. – Kivel mész moziba?
    a. - Éva.
    b. - Évát.
    c. - Évával.
    d. - Évaval.

22. Mikor mész az ...?
    a. uszoda
    b. uszodát
    c. uszodába
    d. uszodára

23. Négy hamburgert kérek!
    Nagyon ... vagyok!
    a. álmos
    b. éhes
    c. drága
    d. diák

24. A Balaton ....
    a. folyó
    b. tó
    c. főváros
    d. híd

25. Este otthon ....
    a. vacsorázom
    b. reggelizem
    c. ebédelek
    d. utazom

1. Ő mit hoz a házibuli__?

a. t

b. ba

c. be

d. ban

2. Hol van a büfé?

a. a harmadik emeleten

b. a harmadikon emeleten

c. a harmadik emeletben

d. a harmadikon emelet

3. Tavasszal =

a. márciusban

b. júliusban

c. augusztusban

d. januárban

4. Hová ... délután?

a. tanultok

b. mentek

c. maradtok

d. néztek

5. Most ... vagyunk.

a. otthon

b. otthonban

c. haza

d. otthonra

6. Nem pulykát kérek, ... halat.

a. hanem

b. de

c. tessék

d. is

7. – ... keresel? Éva ott áll.

a. - Ki

b. - Kit

c. - Mi

d. - Mit

8. ... indul a busz?

a. Hány óra

b. Mikor

c. Mennyi

d. Mennyi idő

9. Mi van a pohárban?

a. ceruza

b. víz

c. esernyő

d. toll

10. ...van egy piac.

a. Mellett a bank

b. A bank között

c. Között a bank

d. A bank mellett

11. ... Budapesten leszel?

a. Péntek

b. Szombat

c. Vasárnap

d. Hétfő

12. – Hol vagy?
– Itt vagyok a __on.

a. piac

b. virágbolt

c. rendőrség

d. koncert

13. – Nagyon örülök!

a. - Semmi baj!

b. - És te?

c. - Én is!

d. - Megvagyok, köszönöm.

14. – ... !
– Semmi baj.

a. - Tessék!

b. - Elnézést!

c. - Köszönöm!

d. - Nagyon örülök!

15. Sziasztok! Mit kér__?

a. -

b. tek

c. nek

d. ünk

16. Ők is ...?

a. jöttök

b. jönnek

c. jövünk

d. jön

17. Nyolcszázötvenhat forint.

a. 975 forint.

b. 965 forint.

c. 856 forint.

d. 875 forint.

18. – Mit vesz Éva?

a. - Egy mikró.

b. - Egy mikrót.

c. - Egy mikróban.

d. - Egy mikrón.

19. gyógyszertár =

a. patika

b. pályaudvar

c. repülőtér

d. rendőrség

20. ... nincs csokitorta.

a. Inkább

b. Tessék

c. Sajnos

d. Ez

21. ... gyalog jössz, ...
messze
van a stadion.

a. És – akkor
b. Ha – de
c. Vagy – de
d. Ha – akkor

22. Egy teát kérek sok
citrom__ és cukor__!

a. val – vel
b. al – al
c. mel – rel
d. mal – ral

23. Kati a pályaudvar__
megy.

a. re
b. ra
c. be
d. ba

24. Sziasztok, lány__!

a. ak
b. ok
c. ek
d. ök

25. – Hol van a magyaróra?

a. - A tizenhatodikban terem.
b. - A tizenhatodik teremben.
c. - A tizenhatos teremben.
d. - A teremben tizenhatodik.

5. TESZT

1. Sok cukor van a
sütemény__?

a. t
b. et
c. on
d. ben

2. Bocsánat, az ...?

a. itt csirkét
b. az csirke
c. ott csirke
d. itt csirke

3. ... az idő?

a. Mennyi
b. Hány
c. Hol
d. Hová

4. Mi csak egy tésztát ....

a. táncolunk
b. olvasunk
c. megyünk
d. rendelünk

5. Egy ____levest kérek!

a. liszt
b. só
c. vaj
d. bab

6. Kicsit sós a ...!

a. gyümölcslé
b. tojás
c. leves
d. méz

7. – ... jössz?
– Holnap.

a. Mikor
b. Hol
c. Miért
d. Hová

8. A vizsga ... van.

a. negyed öt óra
b. negyed öt órakor
c. negyed ötkor
d. negyed öt

9. A hűtő ... van.

a. a mikrón
b. a mikró mellett
c. a mikró felett
d. a mikró között

10. ... vasárnap van,
... szombat volt.

a. Tegnapelőtt - holnap
b. Holnap – tegnap
c. Tegnap – holnapután
d. Ma - tegnap

11. A piac___ sok zöldség
van.

a. on
b. ban
c. en
d. -

12. Már a repülőtér__ vagy?

a. on
b. en
c. ön
d. ban

13. Nem értem! =

a. Nem vagyok jól.
b. Semmi baj!
c. Bocsánat!
d. Tessék?

14. Mikor ... tévét?

a. nézesz
b. nézsz
c. nézel
d. nézelesz

15. Ti mit rendel__?

a. ünk
b. sz
c. nek
d. tek

16. Délután megyünk a
    __ra.
    a. koncert
    b. piac
    c. színház
    d. stadion

17. hatszáznyolcvankilenc
    forint =
    a. 689 Ft
    b. 789 Ft
    c. 598 Ft
    d. 698 Ft

18. Pillanat, hozok egy
    szék__.
    a. et
    b. re
    c. -
    d. en

19. Hol veszünk kenyeret?
    a. a tanteremben
    b. a kocsmában
    c. a hídon
    d. a boltban

20. A sör és a bor ... 880
    forint.
    a. összesen
    b. kérek
    c. drága
    d. sok

21. – Mit parancsol?
    a. - Egy szendvics.
    b. - Egy szendvics kérek.
    c. - Egy szendviccsel kérek.
    d. - Egy szendvicset kérek.

22. Elnézést, ... Váci utca?
    a. ez
    b. ez a
    c. ez az
    d. az

23. A cukor ....
    a. fehér
    b. vörös
    c. kék
    d. szürke

24. Tessék, itt vannak a
    sütemény__.
    a. ok
    b. ek
    c. ök
    d. -

25. Mi a Boeing?
    a. troli
    b. hajó
    c. repülő
    d. villamos

6. TESZT

1. – Hol van John?
   – Liverpool__.
   a. on
   b. ben
   c. ban
   d. -

2. Elnézést, ez ... pulyka?
   a. itt
   b. igen
   c. ott
   d. az

3. Bocsánat, egy villát ... .
   a. keresek
   b. rendelek
   c. vásárolok
   d. találok

4. Hol ... itt egy vécét?
   a. keresek
   b. nézek
   c. találok
   d. ülök

5. Nagyon édes ...!
   a. a méz
   b. az olaj
   c. a kifli
   d. a bors

6. – Elnézést, ez pulyka?
   – Nem, ez ... .
   a. sárga
   b. kicsi
   c. csirke
   d. jó

7. – ... jössz?
   – Este.
   a. Mikor
   b. Hová
   c. Mit
   d. Ki

8. – Van előszoba a
     lakásban?
   a. - Két szoba van.
   b. - Igen, a fürdőszobában.
   c. - Nincs.
   d. - Egy asztal és egy szekrény.

9. ... a kép ... van.

a. A számítógép - felett

b. Az számítógép - mellett

c. A számítógép - alatt

d. A számítógép – között

10. ... szombat van, ... péntek volt.

a. Holnap – tegnap

b. Tegnapelőtt - holnap

c. Ma – tegnap

d. Tegnap – holnapután

11. A piac__ sok zöldség van.

a. on

b. ban

c. en

d. ra

12. ... óra van?

a. Mennyi

b. Hány

c. Mennyi idő

d. Mikor

13. – Elnézést!

a. - Jó napot!

b. - Én is!

c. - Semmi baj!

d. - Szívesen!

14. – Mit kérsz?

a. - Csak egy sört kértek.

b. - Csak egy sört kérnek.

c. - Csak egy sört kérsz.

d. - Csak egy sört kérek.

15. Én diák ....

a. vagy

b. vagyunk

c. van

d. vagyok

16. Délután megyünk a piac....

a. ban

b. ba

c. ra

d. on

17. – Köszönöm!

a. - Nem baj!

b. - Tessék!

c. - Jó napot!

d. - Szívesen!

18. Most anatómia__ tanulok.

a. -

b. t

c. ban

d. ' t

19. Hol veszünk zsemlét?

a. a rendőrségen

b. a kocsmában

c. a színházban

d. a boltban

20. Van még tészta__?

a. –t

b. - 't

c. -

d. -n

21. 2–es villamos = ... villamos

a. kettős

b. kétes

c. kettőes

d. kettes

22. Kati tegnap itt volt __val.

a. Peti

b. Detti

c. Kriszti

d. Nati

23. Tessék, itt vannak a sütemény__.

a. ok

b. ek

c. ök

d. -

24. A rizs ....

a. fekete

b. kék

c. zöld

d. fehér

25. Most az egyetemre megyek, ... könyvtárba.

a. mert

b. utána

c. de

d. hanem

7. TESZT

1. –Hol van Nápoly?

a. Olaszországot.

b. Olaszországba.

c. Olaszország.

d. Olaszországban.

2. A bank itt van az ... emeleten.

a. földszinten

b. első

c. második

d. lépcső

264

3. Május ... van.

a. tavasszal

b. tavaszon

c. ősz

d. őszben

4. ... csak egy kanalat kér.

a. Ők

b. Mi

c. Ő

d. Önök

5. Mi nincs a kenyéren?

a. méz

b. lekvár

c. sajt

d. tej

6. Édes a ... .

a. cukor

b. tej

c. tojás

d. só

7. – ... jöttök?
   – Holnapután.

a. Mikor

b. Mi

c. Hová

d. Hol

8. 12.15 =

a. negyed tizenhárom

b. negyed tizenkettő

c. negyed egy

d. negyed tizenegy

9. Mi van a fürdőszobában?

a. íróasztal

b. számítógép

c. kés

d. mosógép

10. ... felett van ....

a. A kanapé - a lámpa

b. Az kanapé - az lámpa

c. A lámpa - a kanapé

d. Az lámpa - az kanapé

11. ... megyek haza.

a. Vasárnapon

b. Vasárnap

c. Szombat

d. Vasárnapban

12. Ti már a koncert__ vagytok?

a. on

b. ben

c. re

d. en

13. – Nagyon örülök!

a. - Viszontlátásra!

b. - Jól!

c. - Semmi baj!

d. - Én is!

14. – Bocsánat!

a. - Köszönöm!

b. - Nincs mit!

c. - Semmi baj!

d. - Szívesen!

15. Önök mit rendel__?

a. ünk

b. tek

c. sz

d. nek

16. Ti mit ...?

a. ebédelsz

b. ebédelnek

c. ebédeltek

d. ebédelünk

17. 61 =

a. hatvanegy

b. hetvennégy

c. ötvennégy

d. hetvenegy

18. Egy üveg méz__ kérek.

a. -

b. t

c. et

d. ot

19. Hol van sok gyümölcs?

a. a meccsen

b. a piacon

c. a kocsmában

d. a rendőrségen

20. Ez nem csirke, ... hal.

a. de

b. vagy

c. is

d. hanem

21. Egy pizzát kérek sok sajt__!

a. val

b. tal

c. al

d. os

22. Éva reggel almát ....

a. iszik

b. utazik

c. dolgozik

d. eszik

23. Vannak itt ...?

a. szálloda

b. szállodák

c. három szálloda

d. sok szállodák

24. Miért nem vonat__ megyünk Prágába?

a. val

b. tal

c. sal

d. al

25. Egy nagy kólát kérek! Nagyon ... vagyok.

a. híres

b. beteg

c. szomjas

d. új

8. TESZT

1. A __ban vagyok.

a. színház

b. étterem

c. strand

d. lift

2. A könyvtár a ... van.

a. másodikon emeleten

b. második emeletben

c. másodikon emeletben

d. második emeleten

3. – Hány óra van?

a. - Fél két.

b. - Fél kettő.

c. - Fél két van.

d. - Fél tizennégy van.

4. ... csak egy kést kér.

a. Ti

b. Mi

c. Ő

d. Önök

5. nem kicsi=

a. olcsó

b. meleg

c. közepes

d. nagy

6. – Milyen a leves?

a. - Igen.

b. - Sós.

c. - A konyhában.

d. - Kicsit.

7. ... szoba van a lakásban?

a. Hány

b. Hányadik

c. Hol

d. Mi

8. – Mikor van az óra?

a. - Fél négyet.

b. - Fél négykor.

c. - Fél négy órakor.

d. - Fél négy óra.

9. Mi van a nappaliban?

a. előszoba

b. kanapé

c. emelet

d. otthon

10. ... felett van ....

a. A kép - a szék

b. Az szék - az kép

c. A szék - a kép

d. Az kép - az szék

11. Ma péntek van, tegnap ... .

a. szombat volt.

b. vasárnap lesz.

c. csütörtök volt.

d. szombat lesz.

12. A hús már a tányér__ van.

a. on

b. en

c. t

d. ba

13. – Éhes vagyok!
   – Tessék, egy ... .

a. pohár

b. ceruza

c. sütemény

d. sör

14. Ti hol ...?

a. tanultok

b. tanulnak

c. tanulsz

d. tanulunk

15. Hoz__ még egy kólát?

a. sz

b. osz

c. esz

d. ol

16. – Jöttök ti is?
   – Igen, ...

a. mentek.

b. mennek.

c. megy.

d. megyünk.

17. Vas utca 68 = Vas utca ...

a. hatvankilenc

b. nyolcvanhat

c. nyolcvanhét

d. hatvannyolc

18. – Mit vesz Éva?
a. - Egy hűtő.
b. - Egy hűtőt.
c. - Egy hűtőben.
d. - Egy hűtőn.

19. cipőbolt--piac
a. A piac jobbra van.
b. A piac balra van.
c. A piac egyenesen van.
d. A cipőbolt jobbra van.

20. Én ... egy kólát kérek!
a. hanem
b. semmi
c. de
d. csak

21. Eszem egy szendvicset, ... éhes vagyok.
a. és
b. mert
c. utána
d. hanem

22. A Duna ... .
a. tó
b. folyó
c. város
d. sziget

23. – Mit csinálsz holnap?
a. - Egy kávét kérek.
b. - Tanulok.
c. - Szombat.
d. - Igen.

24. Visegrádra kocsi__ mentek?
a. vel
b. t
c. val
d. -

25. – Kivel mész színházba?
a. - Szandrát.
b. - Szandraval.
c. - Szandra.
d. - Szandrával.

9. TESZT

1. Jean Párizs__ tanul.
a. ban
b. ben
c. ba
d. on

2. Bocsánat, ... csirke?
a. mi
b. itt
c. ott
d. az

3. ... óra van?
a. Mennyi
b. Hány
c. Mi
d. Hová

4. Miért nem ... délután moziba?
a. megyünk
b. veszünk
c. vagyunk
d. nézünk

5. A tészta 80 euró.
a. Elég drága!
b. Elég csípős!
c. Elég olcsó!
d. Elég nagy!

6. Mi nem jó?
a. vajfőzelék
b. borsófőzelék
c. krumplifőzelék
d. babfőzelék

7. ... megyünk este?
a. Hol
b. Mit
c. Hová
d. Kit

8. – Az óra délután van? – Igen, ...
a. fél négy.
b. fél négykor.
c. fél négy óra.
d. fél négy órakor.

9. bank cipőbolt patika
a. A cipőbolt a patika alatt van.
b. A bank a cipőbolt alatt van.
c. A cipőbolt a bank felett van.
d. A patika a cipőbolt alatt van.

10. Ma péntek van, holnapután ....
a. vasárnap lesz
b. szombat volt
c. szerda lesz
d. vasárnap volt

11. – Hol vagy?
a. - Az emeleten.
b. - A liften.
c. - A lépcsőben.
d. - A földszint.

12. Itt vagyok a repülőtér__.
a. ban
b. ben
c. re
d. en

13. Csókolom, Kati néni! ...
a. Hogy vagy?
b. Hogy van?
c. Ki vagy?
d. Hol élsz?

14. Ők mit hoz__?
a. nak
b. ok
c. tok
d. unk

15. Mikor jön__ haza?
a. sz
b. ünk
c. tök
d. nek

16. Délután megyünk a piac__.
a. be
b. ba
c. ra
d. on

17. négy, hat, ...
a. nyolc
b. kilenc
c. tíz
d. öt

18. Hal__ kér vagy sertés__?
a. ot – et
b. ot – ot
c. t – t
d. at – t

19. Hol vásárolunk?
a. a boltban
b. az uszodában
c. a templomban
d. a könyvtárban

20. – Van csokitorta?
a. - Nincs.
b. - Nem van.
c. - Nincs van.
d. - Sajnos van.

21. Hol vannak itt jó strand__?
a. k
b. ok
c. ak
d. ek

22. A ... metróval megyünk?
a. három
b. harmadik
c. hármas
d. hárommal

23. Mit __el?
a. isz
b. esz
c. ebédel
d. ír

**24. – Elnézést, ... busz megy a Deák térre?
– A 105-ös.**
a. Hány
b. Mennyi
c. Hányas
d. Mi

25. A Duna ... .
a. fiatal
b. piros
c. hosszú
d. magas

10. TESZT

1. Megyünk a bolt__.
a. on
b. ra
c. ba
d. at

2. A büfé__ nagyon finom a szendvics.
a. n
b. re
c. ben
d. ban

3. Bocsánat, ez mustár__?
a. t
b. ot
c. -
d. at

4. Mikor ... a villamos?
a. marad
b. hoz
c. indul
d. visz

5. – Mit táncoltok?
a. - Húslevest.
b. - Anatómiát.
c. - Egy ruhaboltot.
d. - Tangót.

6. Édes a ... .
a. cukor
b. vaj
c. tojás
d. bab

7. ... zöldség.
a. A vaj
b. A répa
c. Az alma
d. A só

8. ... van a vizsga?
a. Hány óra
b. Hánykor
c. Mennyi az idő
d. Hány

9. Mi van a hűtőben?
a. sör
b. konyha
c. ceruza
d. mikró

10. – Hol van a villa?
a. - A tányér mellett.
b. - Mellett a tányér.
c. - A mellett a tányér.
d. - Mellett tányér.

11. ... szerda van, ... kedd volt.
a. Tegnapelőtt - holnap
b. Holnap - tegnap
c. Tegnap - holnapután
d. Ma - tegnap

12. Itt vagyok a posta__.
a. ban
b. ' ban
c. ' n
d. n

13. 16.30 =
a. reggel fél hat
b. délután fél öt
c. délelőtt fél tizenhét
d. fél tizenhét óra

14. Jó napot kívánok! Mit ...?
a. kérsz
b. kér
c. kértek
d. kérek

15. Önök mit rendel__?
a. ünk
b. -
c. sz
d. nek

16. Önök mit ...?
a. ebédelnek
b. ebédeltek
c. ebédelsz
d. ebédel

17. Jössz az egyetem__?
a. en
b. re
c. be
d. ben

18. 1570 forint =
a. tizenötszázhatvan
b. tizenhatszázhetven
c. ezerötszázhetven
d. ezerötszázhatvan

19. Adok egy ceruza__.
a. -
b. t
c. ' t
d. n

20. nem messze =
a. a közelben
b. egyenesen
c. tovább
d. aztán

21. autó =
a. vonat
b. kocsi
c. motor
d. busz

22. Villamos__ megyünk a színházba?
a. val
b. vel
c. sal
d. sel

23. a 6. emeleten = ... emeleten
a. a hat
b. a hatos
c. a hatodik
d. a hatodikon

24. A tej ... .
a. rózsaszín
b. barna
c. fehér
d. szürke

25. Peti éhes, szomjas és ... .
a. régi
b. álmos
c. rövid
d. fehér

1. Mikor mész mozi__?

a. ben

b. be

c. ban

d. ba

2. Itt vagyunk a büfé__.

a. n

b. ban

c. ben

d. ba

3. Elnézést, ez ...?

a. ott pulyka

b. itt pulykát

c. az pulyka

d. itt pulyka

4. nem marad itt =

a. indul

b. áll

c. ül

d. ad

5. Hol ...?

a. mentek

b. adtok

c. vagytok

d. jöttök

6. – ... a leves?
   – Kicsit sós!

a. Milyen

b. Mi

c. Hogy

d. Mit

7. 18 cm — 25 cm — 35 cm

a. nagy pizza

b. kis pizza

c. túl pizza

d. közepes pizza

8. – ... jössz?
   – Holnap.

a. Mikor

b. Hol

c. Ki

d. Hová

9. Mi van a hűtőben?

a. torta

b. konyha

c. lakás

d. mikró

10. A szőnyeg ... van.

a. a kanapé felett

b. a kapapé alatt

c. a kanapéban

d. a kanapé között

11. Ma hétfő van.
   Holnapután ... lesz.

a. vasárnap

b. szerda

c. szombat

d. kedd

12. Ti már a meccs__
   vagytok?

a. on

b. en

c. ban

d. ben

13. Mennyi az ...?

a. óra

b. időt

c. órát

d. idő

14. – Csókolom!

a. – Jó napot kívánok!

b. – Nem probléma.

c. – Én is!

d. – Szívesen!

15. Szia! Keres__ valakit?

a. –

b. esz

c. el

d. ünk

16. Ő Andrea ....

a. –

b. vagyok

c. van

d. vagy

17. Mikor megyünk a
   posta__?

a. ' n

b. ' ba

c. ' ra

d. ra

18. kettő, négy, ...

a. hat

b. öt

c. egy

d. hét

19. Kérek egy kés__.

a. t

b. et

c. –

d. ot

20. Sajnos ... csokitorta.

a. kérek

b. tessék

c. a

d. nincs

오디오 파일

21. nem szép =

a. csípős

b. kövér

c. csúnya

d. jó

22. – Hová mész később?

a. - A Deák térre.

b. - A Deák téren.

c. - A Deák térbe.

d. - A Deák térben.

23. A ... metróval megyünk?

a. kettő

b. második

c. kettedik

d. kettes

24. Mit __ol?

a. isz

b. esz

c. ebédel

d. ír

25. Magyarországon szép
városok ….

a. vannak

b. van

c. -

d. nincs

안녕!
헝가리어

요 래깰트! Jó reggelt!

초판1쇄 발행 2021년 9월 10일

지은이 된됴시 리위어(Gyöngyösi Lívia) · 해때시 발린트(Hetesy Bálint)
옮긴이 리스커이 덜머(Liszkai Dalma) · 장두식 · 현준원
주삽화 그로프 페태르(Gróf Péter)
오디오 재작업 개러 칠러(Gera Csilla) · 리스커이 카로이(Liszkai Károly)
펴낸이 홍종화

편집 · 디자인 오경희 · 조정화 · 오성현 · 신나래
　　　　　　 박선주 · 이효진 · 최지혜 · 정성희
관리 박정대 · 임재필

펴낸곳 민속원
창업 홍기원
출판등록 제1990-000045호
주소 서울 마포구 토정로 25길 41(대흥동 337-25)
전화 02) 804-3320, 805-3320, 806-3320(代)
팩스 02) 802-3346
이메일 minsok1@chollian.net, minsokwon@naver.com
홈페이지 www.minsokwon.com

ISBN 978-89-285-1644-5 18730

ⓒ 리스커이 덜머, 장두식, 현준원 2021
ⓒ 민속원, 2021, Printed in Seoul, Korea

저작권법에 의해 한국 내에서 보호를 받는 저작물이므로 무단전재와 복제를 금합니다.

이 책 내용의 전부 또는 일부를 이용하려면 반드시 저작권자와 민속원의 서면동의를 받아야 합니다.